吉林文脉
传承工程

吉林文化丛书

上

吉林访古

吉林省文物考古研究所 ◎ 编

北方妇女儿童出版社
·长春·

图书在版编目（C I P）数据

吉林访古．上 / 吉林省文物考古研究所编．-- 长春：北方妇女儿童出版社，2024.12
（吉林文化丛书）
ISBN 978-7-5585-8165-6

Ⅰ．①吉… Ⅱ．①吉… Ⅲ．①文物—考古—吉林
Ⅳ．① K872.34

中国国家版本馆 CIP 数据核字 (2023) 第 247753 号

吉林访古 上

JILIN FANGGU SHANG

总策划　于　强
出版人　师晓晖
策　划　陶　然
责任编辑　石晓磊　杨多铎
版式设计　长春市一行平面设计有限公司
开　本　787mm×1092mm　1/16
印　张　14.5
字　数　260千字
版　次　2024年12月第1版
印　次　2024年12月第1次印刷
印　刷　吉林省恒盛印刷有限公司
出　版　北方妇女儿童出版社
发　行　北方妇女儿童出版社
地　址　长春市福祉大路5788号
电　话　总编办：0431-81629600
　　　　发行科：0431-81629633

定　价　138.00元

吉林访古

上

《吉林访古　上》编辑委员会

目录

CONTENTS

目录

CONTENTS

目录

CONTENTS

远古时代

自人猿揖别之日起，至今已历经七百余万年，在这幅百万年的宏大画卷中，我们能够看到蹒跚行走的托麦人、留下足迹的南方古猿、制作工具的能人、懂得狩猎与用火的直立人、能够埋葬同伴的古老型智人以及拥有宗教艺术行为的晚期智人。直立行走、制作工具、开始用火、学会狩猎、诞生最早的精神世界、掌握复杂而精致的石器加工技术，这些体质形态与行为特征的巨大变化，不仅让人类在物竞天择的大自然中成功演化成了现在的模样，还留下了大量让我们能够了解这些远古人类的考古证据。

考古证据表明，中国一直是人类起源与演化的中心之一。早在 20 世纪 20 年代，周口店北京猿人的发现就奠定了中华大地东方人类故乡的地位，中国也取得了在世界科学“奥林匹克”上的第一块金牌。近年来，陕西上陈、河北泥河湾等地的考古发现证实早在两百万年前，人类就已经踏足了东亚大地。在很长一段时间里，无论是化石证据还是文化传统，中国都保持了一脉相承且有别于西方的文化特征，形成了绵延不绝、缓慢发展、格局稳定的文化传统。

吉林省地处中国东北，受温带季风气候影响，四季分明，降水充沛，动植物资源丰富，十分适合人类生存。但是由于中国东北属于中高纬度地区，冬季寒冷，降雪较多，给古人类的生活带来了极大的挑战。那么，吉林大地上的远古人类是如何生活与演化的呢？这就要从吉林省独特的地理单元说起。中国东北地区位于欧亚大陆东缘，西侧的大兴安岭、北侧的小兴安岭、东部的长白山脉和山地之间的东北大平原构成了一个复杂、特殊的地理单元。吉林省就处在这个复杂单元的中心区域，因此形成了东部山地、西部平原的地形特点，而受气候影响，东部山地地带多为森林，而西部则多为沙地草原。吉林东部的长白山是欧亚大陆东缘的最高山系，直到今天仍然是世界上最活跃的活火山之一，拥有我国境内保存最为完整的新生代火山群。新生代第四纪以来的若干次喷发，形成了长白山火山中低山、熔岩高原等独特的地形地貌，而在吉林西部，如今天的松原、白城一带，一直到中更新世前后，仍然是一片汪洋的松辽古大湖，并不适合早期人类活动。随着松辽分水岭的隆起，古湖水排出，形成了如今河湖遍布，沃野千里的自然景观。

从枫林遗址远眺长白山

肇始

目前，吉林省及其周边地区年代最早的古人类遗址，如辽宁营口金牛山、本溪庙后山、吉林桦甸寿山仙人洞、韩国全谷里等遗址，年代均未超过 50 万年。这些遗存多数以河流砾石为主要原料，采用锤击法、砸击法、碰砧法进行剥片，工具类型单一，加工程度较低，属于简单的石核石片技术类型，相关发现多以洞穴类遗存为主，古人类的流动性较低，但已经学会有控制地用火。

吉林省最早的古人类遗存，过去常见诸报端的距今 100 万年左右，主要的证据是在吉林省发现的前郭县王府镇王府屯遗址的石制品，埋藏在距今 100 万年左右的早更新统地层之中。但是，这批石制品的出土层位目前仍存在较大的争议，而且并没有进行过正式的考古发掘，地层的年代也没有系统的科学测年。因此从科学严谨的态度看，将其作为吉林省最早人类活动的证据并不充分。相较而言，学术界目前普遍认可位于吉林省吉林市桦甸市的寿山仙人洞遗址是吉林省最早的古人类活动遗存。

桦甸寿山仙人洞（外部）

桦甸寿山仙人洞遗址位于吉林省桦甸市西北约 23 千米的寿山上，西南距榆木桥子镇约 2.3 千米（山的东北角为北安屯）。1991 年，吉林大学考古学系在吉林地区进行旧石器野外考古调查时，发现了该遗址并试掘，获得了较丰富的石制品、骨制品及大量哺乳动物、鸟类的化石。为进一步了解该遗址的文化内涵，1993 年，上述单位同吉林省文物考古研究所以及区、市、县等文物管理部门对该遗址进行了正式发掘。仙人洞属于构造裂隙洞穴，洞底呈“V”字形，堆积范围逐渐变窄。自上而下洞穴堆积分为 5 层，其中第 2 层为上文化层，第 3 ～ 4 层为下文化层。碳十四测年结果显示，上文化层的年代为距今约 3.4 万年，结合上文化层发现的通体磨制骨器和加工细致的黑曜岩长身圆头刮削器以及锛形器等分析，应属旧石器时代晚期。下文化层的第 4 层出土的动物骨骼化石用铀系法测定年代为距今 16.2 万年左右，由此可知下文化层应属旧石器时代早期。

寿山仙人洞遗址
1993 年发掘场景

距今 16.2 万年是目前吉林省境内旧石器时代遗址年代测定的最早数值。那么在距今 16 万年前，古人类的生活场景是什么样的呢？仙人洞遗址发现的文化遗物类型多样，包括石制品、骨器等。 下文化层发现石制品 125 件，包括石核、石片以及各种工具。石制品的原料有角岩、流纹斑岩、石英、石英岩、硅质灰岩、流纹岩等。其中角岩占比最大，石英次之。这些石料都是就地取材。石制品以小型为主，中型次之，也有一定数量的微型制品，不见大型制品。剥片方法以锤击法为主，依石

在仙人洞遗址下文化层发现的石核

核特征分析，石核的台面多经修整。工具类型包括刮削器、尖状器和琢背小刀。此外还发现打制骨器 8 件，主要是刮削器和雕刻器。

在洞穴堆积内还发现了大量的动物化石，其中近 500 件可以确定部位，100 余件可以鉴定种属，经鉴定后发现，主要为洞熊、岩羊和披毛犀三种喜冷的动物。从孢粉分析结果来看，该遗址处于寒冷干燥的气候环境中，植被以草原为主，伴有少量的森林或者稀树。古人类利用该洞穴的时代跨度特别大（从距今 16 万年以上到 3 万年），但发现的遗物非常有限，而且在平面和地层上无集中分布，说明该洞穴并非长期定居的场所，这是由于该洞穴内比较潮湿，有些地方常年积水造成的。从洞穴内大量碎骨片和石制品来看，该洞穴可能是临时的营地或者屠宰场。

寿山仙人洞遗址是目前东北亚地区发现时代较早的遗址之一，这处遗址地层明确，遗物分布密集，时代跨度大，为探明史前人类在该地区的生存和迁徙提供了难得的考古场所，对该遗址的进一步研究一定能揭示更多有关古人类文化与技术特点和演变、生存环境、生计方式和适应行为的信息。

仙人洞遗址下文化层发现的骨制品

高峰

吉林省古人类活动的高峰出现在旧石器时代晚期，年代主要集中在距今 5 万 ~ 1 万年，这也是东北亚地区古人类遗址发现最为丰富的时段。

抚松县城东南的仙人洞发现的一批哺乳动物化石和石制品，经碳十四测年判断，其年代早于距今 4.5 万年，石制品原料为石英斑岩和玄武岩，石器类型以刮削器为主。

抚松仙人洞洞内

安图人化石出土地点位于吉林省安图县明月镇南2.5千米的石门山洞穴内。1963 年末，安图县石灰厂工人在石门山采石过程中发现大量哺乳动物化石。1964 年，吉林省博物馆等单位对发现哺乳动物化石的洞穴进行了清理，获得保存完整的一颗人类右下第一前臼齿化石，被命名为“安图人”。“安图人”属于晚期智人，与“安图人”共生的哺乳动物包括真猛犸象、最后鬣狗、披毛犀、野马、野牛、棕熊、马鹿等，主要生活在森林草原的环境当中，年代距今 3.5 万 ~ 2.6 万年左右。“安图人”化石材料较少，但其是吉林省境内首次发现的有明确出土位置的古人类化石，是目前已知最早生活在吉林大地上的远古人类。

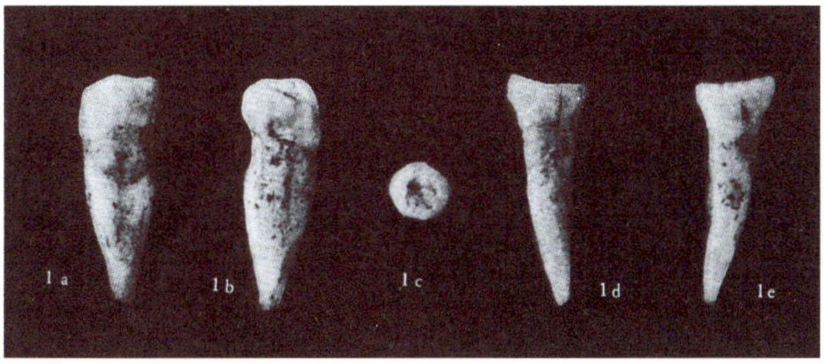

安图人右下第一前臼齿

除上述遗址外，自 20 世纪 90 年代以来，长白山地区还陆续发现了大量包含石叶和细石叶遗存的旧石器时代晚期遗址，如大洞遗址、石人

和龙大洞遗址地形地貌

已故著名考古学家张森水先生 2007 年考察和龙大洞遗址

和龙大洞遗址 2010 年考古发掘现场

沟遗址、枫林遗址、新屯子西山遗址、吉地遗址、新兴遗址第 1 地点、立新遗址等。

和龙大洞遗址位于吉林省延边朝鲜族自治州和龙市崇善镇大洞村，西距长白山天池约 80 千米，北距和龙市约 40 千米。遗址所在区域属于我国长白山东麓，图们江与其支流红旗河交汇处的平缓玄武岩台地。该区为针阔混交林带，年平均气温为 2 ~ 3℃，年降水量 700 毫米，遗址所在的玄武岩台地上现已被开垦为农田，种植有大豆、水稻、玉米和烤烟等作物，但在台地的西部还有小面积的沼泽。环绕遗址的低山上有红松、山杨、白桦、刺五加、五味子、山葡萄等丰富的植物资源，还常常有野猪和獾等野生动物出没。

2007 年，吉林大学边疆考古研究中心陈全家教授在对石人沟遗址进行考古发掘的过程中，从参与发掘的工人口中得知，附近的大洞村也有黑曜岩石制品，随即带领学生前往调查。据参与调查的陈全家教授和李有骞研究员回忆，在当时的黄豆地中，石制品俯拾即是，他们当即采集了 5000 余件标本。2007 年，吉林大学边疆考古研究中心对大洞遗址共进行了 3 次试掘工作。第一次试掘位于遗址的北部，靠近断崖，布南北向 1 米乘 1 米的探方 2 个，共发现石制品 10 件，可划分 4 个层位。第二次试掘位于遗址的南部，亚洞村西侧，布 1 米乘 1 米的探方 1 个，发现石制品 59 件，可划分 3 个层位。第三次试掘共获得石器 4388 件。

2010 年，吉林省文物考古研究所对该遗址正式进行了考古发掘。遗址出土石砧、石叶、细石核、细石叶、雕刻器、刮削器及断块和碎片等石制品 1300 余件，以黑曜石为主要原料，以石叶和细石叶工艺为主要工业特征，年代距今约 2 万年。

2021 年，在国家文物局考古中国项目的支持下，吉林省文物考古研究所对大洞遗址进行了主动性考古发掘，发掘地点位于遗址核心区偏南部，发掘面积 50 平方米。本次发掘收集了大量古环境、年代学、沉积学样品，首次建立起了和龙大洞遗址高分辨率的环境背景信息。通过发掘，共划分自然地层 5 个，确认旧石器时代文化层 3 个，发掘出土各类石制品 8104 件，包括石核、石叶石核、细石叶石核、石砧、石锤、石片、石叶、细石叶、边刮器、端刮器、雕刻器、石镞等。首次在大洞遗址发现了距今 4 万年左右的文化层位。

2022 年，吉林省文物考古研究所继续在核心区最南部进行了主动性考古发掘，发掘面积 20 平方米。本次发掘所获地层剖面为历次发掘之最，最深处可达 3.2 米，共划分自然层位 9 个（不含底砾层），

2021 年和龙大洞遗址发掘场景

进一步完善了大洞遗址的地层序列。出土各类石制品 3072 件，动物化石 194 件，进一步确认了大洞遗址 4 万年前文化层位的存在，并且在第 4 层底部出土了数量较为丰富的石核、石片、工具等文化遗存，疑似存在古人类活动面，在第 8 层出土了数量丰富的动物化石，尚属首次发现。

2023 年，吉林省文物考古研究所在紧邻 2022 年发掘区的位置继续发掘 100 平方米。相较于以往发掘，本年度发掘区地层序列更为清晰，各层位之间的界限更为明显，其中第 3 ~ 9 层为旧石器时代文化层，3 ~ 5 层为粉砂质黏土，6 ~ 9 层为粉砂层，表现出截然不同的沉积过程。2023 年度发掘出土各类石制品 3425 件，动物化石 299 件，石制品的分布密度明显较 2022 年发掘区低，但动物化石的保存状况相对较好。

2007 年到 2023 年的多次调查、发掘与研究表明：和龙大洞遗址分布面积大，石制品极其丰富，发掘出土的石制品种类丰富，包括细石叶石核、石叶石核、石叶、细石叶等技术特点鲜明的剥片类产品，也包括雕刻器、端刮器、边刮器、尖状器等高度定制化的各种工具类型。通过石制品组合特征及技法分析，该遗址不仅是一处大型的石器加工厂，也是古人类长期活动的区域。

和龙大洞遗址，考古研究人员集合地质学、沉积学、古环境学等学科的团队共同攻关，最大限度提取遗址的科学信息，具体收获如下：地形地貌方面，通过地质调查，确认大洞遗址区坐落在广坪期玄武岩之上，受构造运动抬升影响，图们江干流以下切侵蚀为主，遗址所在的河流阶地宽度较窄。土壤微形态、粒度和酸碱性分析结果表明，大洞遗址总体呈现河漫滩相沉积的发育过程，底部为河床相砂砾层，中间砂砾层与细粒沉积交替，上部稳定为河漫滩相细粒沉积。

年代框架方面，采用多种手段测定遗址的精细年代，采用光释光、碳十四、火山灰同位素定年技术建立了遗址距今 5 万 ~1.5 万年的较高分辨率的年代序列。测年结果显示，大洞遗址自第 3 层开始均为旧石器时代层位。根据不同层位植硅体和孢粉分析结果，确认大洞遗址的地层堆积能够反映 5 万年以来气候经历了冷湿—暖干—冷湿—暖干—暖湿五个阶段，与晚更新世的全球气候变化有较好的同步性。

文化序列方面，根据地层堆积和石制品特点，初步将遗址旧石器文化层划分为三个阶段。其中第 9 ~ 6 层为第一文化层，年代距今 5 万 ~ 3 万年。第 5 ~ 4 层为第二文化层，年代距今 2.8 万 ~ 2.4 万年；第 3 层为第三文化层，年代距今 1.7 万 ~ 1.5 万年。第一期文化出土石制品主要为简单石核 – 石片石器，工具以边刮器为主，石制品数量相对较少，石器技术变化不大。值得注意的是，这一时期，特别是第 8 层，发现了大量动物化石，从埋藏特点看，动物化石受水流搬运作用影响较大。动物化石

和龙大洞遗址
石制品组合

保存状况相对较好，多为长骨、牙齿等，可鉴定种属包括鹿、野牛、野马等，部分骨骼上还疑似有人工痕迹。长白山地区旷野遗址中遗存如此多动物化石，尚属首次。第二期文化层主要为石叶技术产品，同时出现经过预制的早期细石叶技术产品，工具类型主要为雕刻器、端刮器等。其中第 4 层根据石器分布状态判断应为原生堆积，也是大洞遗址人类活动最频繁的时期。在这一层位，还发现了有意对刃口进行磨光的局部磨光石器，这也是目前中国北方年代最早的局部磨光石器，代表大洞遗址古人类在至少距今 2.4 万年前，就已经初步掌握了磨制技术。第 5 层出土的细石叶、雕刻器小片近端特征均显示出典型的压制剥片技术特点，年代最早可达距今 2.8 万年，这极可能是该时期东北亚最早的压制剥片技术产品。第三期文化出土石制品主要为典型的细石叶技术产品，包括各种楔型细石核，预制精细，形态十分稳定，工具类型仍以雕刻器、端刮器为主。

上述三期文化，第一期文化年代最早，是中国北方传统的小石片工业。第二期文化出现了石叶和早期的细石叶技术产品，由于两者之间存在明显的年代间断，并未表现出小石片工业向石叶工业渐变的过渡性特点，这暗示着石叶和细石叶在长白山地区出现具有技术突变的色彩。第三期文化和第二期文化则表现出明显的技术连贯性，其中细石叶技术不断成熟，更趋于标准化。

石人沟遗址位于吉林省延边朝鲜族自治州和龙市龙城镇石人村的西山上，东北距和龙市约 45 千米。遗址地处吉林东部长白山系的南岗山脉，周围山峦起伏、森林茂密，面朝图们江的较大支流红旗河。石人沟遗址发现于 2004 年 5 月，2013 年被国务院公布为第七批全国重点文物保护单位。

遗址坐落在南岗山脉缓坡的台地上，埋藏于红旗河右岸第 III 级阶地，海拔高度约 790 米，高出现今图们江支流红旗河 115 米，周围山峰的海拔多在 1100 米左右。该区植被属针阔混交林带，年平均气

和龙大洞遗址分期示意图

温为 2 ～ 3℃，年降水量 700 毫米。遗址所在台地现已被开垦为农田，种植有大豆、水稻、玉米、人参等作物。

遗址分布面积约 3 万平方米，地表散布有大量的以黑曜岩为原料的石制品。遗址南侧自然断面及以往发掘探方情况显示，该遗址旧石器时代地层深度平均为 1 ～ 2 米，连续完整，埋藏条件较好。

2001 年和 2002 年春，抚松县农民张炳山在延边地区和龙市龙城镇石人村西侧山上建房和刨人参地时，发现 2 块黑亮的石头。经研究确认，是古人类加工的黑曜岩石片石核（重 15 千克）和石叶石核（重 3.5 千克）。

2004 年 5 月 4 日，吉林大学边疆考古研究中心、和龙市文物管理所对石人沟遗址进行了首次调查，并在山坡台地的黄色亚黏土和含黄色砂质土的角砾层内采集到 40 件黑曜岩石制品，包括石核、石片、细石叶、使用石片、刮削器、雕刻器、琢背小刀等类型。判断遗址可能属于晚更新世的晚期，即旧石器时代晚期。

2007 年，吉林省文物考古研究所、吉林大学边疆考古研究中心、和龙市文物管理所再次对石人沟遗址进行了考古调查，在地表采集到石制品 51 件，包括石核、石片、细石叶、石叶、断块、刮削器、尖刃器和残器等。此次调查所获石制品虽为地表采集，但其表面粘有与周围遗址地相同的黄色黏土，应是受到自然及人为因素的影响，致使地层中的石制品被扰动到地表。

2004 年 5 月，吉林大学边疆考古研究中心、吉林省文物考古研究所与和龙市文物管理所对石人沟遗址进行了首次试掘，获得石制品 40 件。

2005 年 8 月至 9 月，吉林大学边疆考古研究中心、吉林省文物考古研究所及和龙市文物管理所再次对石人沟遗址进行了试掘，共揭露面积 52 平方米。堆积分 6 层，石制品主要出土于第 2 ~ 4 层，共获得 1291 件，其中出自地层者 1267 件，其余为脱层，类型包括石核、石片、石叶、细石叶、断块和工具等。原料以黑曜岩为主。工具包括第二类工具 (使用石片) 和第三类工具 (刮削器、雕刻器、琢背小刀、钻)，器型稳定，加工精致。

石人沟遗址细石叶石核

石人沟遗址目前出土的文化遗物绝大部分为石制品，石制品数量较为丰富，仅发现少量动物化石，遗址第 2 层、第 4 层发现较多的炭屑遗存。根据吉林省第四纪地层堆积、遗址文化特征等，判断遗址时代应属于旧石器时代晚期。遗址石器工业属于典型的细石叶工业类型。石制品原料以黑曜岩为主，石制品中绝大多数为剥片和加工石器过程中产生的石片、断块、碎屑等，其余均为工具。剥片技术除锤击法、砸击法外，还使用了间接剥片技术。石核除普通石片石核外，出现了楔形、锥形及船底形细石叶石核，并存在石叶与细石叶技术共存的现象，工具以各类刮削器为主，尖状器、雕刻器、琢背小刀及钻器等数量次之。工具加工以锤击法为主，其中软锤修理占有较大比例，出现了压制修理，修理方式以正向的单向加工为主。工具以小型为主，微型、中型也占一定比例，不见大型。个体间变异较小，整体器型加工规整，大部分工具小而精致。总体而言，遗址的石制品个体小，形态变异较小，加工精致，原料的使用呈现高利用率的现象。少量个体较大、加工精制的标本证明古人类具有生产大块毛坯（诸如石叶、大石片等）和对工具进行精致加工的能力。

遗址的石器工业总体上具有明显的精细加工的特点，但由于材料有限，具体的技术装备方式难以判断，但装备地点的意味较重。这应与遗址的性质或功能以及原材料条件密切相关，同时也反映出该遗址古人类的适应生存方式。石人沟遗址的文化内涵，西与我国华北、蒙古高原，东与朝鲜半岛、俄罗斯远东滨海地区、日本列岛等关系密切。其发现与系统研究对于揭示晚更新世晚期图们江流域及整个东北亚地区古人类对于资源开发利用的能力、策略、适应生存行为及现代人的交流扩散提供了难得的珍贵资料，具有重要的学术价值。

枫林遗址位于吉林省白山市抚松县漫江镇枫林村东约 500 米的山梁之上，分布面积超过 30000 平方米，所在山梁呈东北—西南走向，平均海拔高度在 900 米以上。遗址东北距头道松花江 1 公里，东距长白山主峰约 43 千米。

枫林遗址分布面积约 3 万平方米，地表散布有大量的以黑曜岩为原料的石制品。遗址西侧被公路拦腰截断，在自然断面上能够采集到石制品。根据地表石制品的分布情况，可将枫林遗址划分为第 1 地点、第 2 地点（东山坡地点）和观景台地点（第 3 地点）三部分，其中第 1 地点地层堆积较厚，第 2 地点和第 3 地点地层堆积较浅。根据近年来的调查情况，枫林遗址第 1 地点的破坏程度较高，历年公路拓宽和工程建设，导致遗址较深的地层堆积破坏严重。第 2 地点保护状况较好，主要为风景绿化带，地表植被以花卉为主。第 3 地点地表见有木栈道等旅游设施。

2014 年，吉林省白山市抚松县为加快长白山旅游产业发展，引进山东鲁能集团在抚松县漫江镇进行生态文化旅游综合开发，项目由省发改委立项（吉发改审批【2014】91 号），项目开发区域为：东到黄泥河东岸，西至塔河西岸，南至枫林村西南侧山体南坡，北至枫林水电站头道松花江北岸，总占地面积 24.94 平方公里。2014 年，长白山文化研究会会长张福有先生到长白山调查时曾在该项目建设区域内偶然发现一件打制手斧，新华社、《吉林日报》等媒体对漫江镇发现手斧进行了宣传报道，引起了学术界的广泛关注。

枫林遗址采集的手斧

为了配合该项目基本建设，弄清手斧发现的层位，2016 年 6 月 18 日，吉林省文物考古研究所业务人员前往现场进行了考古调查，在表土层、出露地表的黄褐色亚黏土层中均发现有石制品，采集遗物 40 余件，多数是在梁岗东南坡地势较缓地带被发现。发现遗物均为打制石器，石制品原料绝大多数为黑曜岩，少见凝灰岩。石制品种类包括石片、石叶、边刮器、端刮器等。通过本次调查，确认该地点是一处旧石器时代遗址，因该遗址位于漫江镇枫林村枫林岗，故将该遗址命名为“枫林遗址”。

2016 年 8 月至 10 月，吉林省文物考古研究所联合中国科学院古脊椎动物与古人类研究所对该遗址进行了抢救性考古发掘，发掘面积 230 平方米，分主发掘区（第 1 地点）和东山坡发掘区（第 2 地点）

两部分。主发掘区地层堆积较厚，可划分为 2 个文化层，上文化层年代在距今 1 万年左右，下文化层年代在距今 1.7 万～2.4 万年，东山坡发掘区地层较浅，仅有 1 个文化层，年代在距今 1.7 万年左右。

枫林遗址发现的石叶石核

遗址出土石制品数量丰富，原料以黑曜岩为主，偶见凝灰岩、榴辉岩等。石核包括普通石核、石叶石核和细石叶石核三类，其中石叶石核呈棱柱状，高度一般在 10 厘米以上，预制台面，同向剥片，石叶片疤纵贯核体，规矩整齐。细石叶石核以楔型细石核为主，也有少量的船底形细石核，其中楔形细石叶石核主要包括涌别技法和埲下技法两种制作工艺。石器类型多样，多数是以石叶或细石叶为毛坯制作的小型工具，包括边刮器、端刮器、雕刻器和尖状器等小型工具，还包括手斧、砍砸器、石锛、大型端刮器等大型工具。

2023 年，为了进一步深化对枫林遗址年代和文化性质的认识，经国家文物局批准，吉林省文物考古研究所联合北京大学考古文博学院对该遗址进行了新的发掘。本次发掘地点主要位于第 2 地点，紧邻 2016 年东山坡发掘区，发掘面积 100 平方米，共揭露 5 个自然层位，其中第 2～4 层为旧石器时代文化层。出土各类标本共 3566 件，以石制品为主，并包含少量陶片。石制品原料较为丰富，包括黑曜岩、燧石、石英岩、硅质岩、凝灰岩、玄武岩、玛瑙等，器型包括石核、石叶石核、细石叶石核、石片、石叶、细石叶、边刮器、端刮器、雕刻器、石镞、断块、残片、碎屑等。

通过本次发掘，确认由于地势较高，东山坡地点受风化剥蚀作用和自高而下的洪积作用影响，地层堆积和遗址形成过程相对复杂。结合遗址内冰期地层的发现以及 2016 年发掘区测年结果判断，本年度发掘区的年代大体在末次冰盛期 (LGM) 晚段，即距今 1.7 万年左右。东山坡地点出土石制品数量丰富、种类多样，包括细石叶石核、石叶石核、石叶、细石叶、削片、第一剥片等技术特点鲜明的剥片类产品，也包括雕刻器、端刮器、边刮器、尖状器等高度定制化的各种工具类型。其中出土细石核以楔形细石核为主，属典型的涌别技法，形态规范，片疤规整平直，显示出较成熟的工艺水平。

枫林遗址相关发现弥补了长白山地区末次冰盛期阶段相关遗存发现和细石叶技术从早期压制剥片技术向成熟的细石叶技术发展的一处重要缺环，进一步完善了长白山旧石器时代晚期文化序列，对揭示古人类对高纬度地区极端环境的适应方式具有重要价值。

新屯子西山遗址位于吉林省抚松县新屯子镇的西山上，属于二道松花江支流的左岸阶地，海拔约 572 米。1999 年，当地村民在此发现了一件重 17.4 千克的黑曜岩石叶石核。2002 年对该遗址进行了发掘，发掘面积约 70 平方米。地层堆积可划分 3 层，其中文化遗物和遗迹主要出自第 2 层。遗址中发现石圈居址、用火遗迹等。遗址内发现的石圈居址是使用石块围成，呈椭圆形，分为内外两圈。在门道前方的左侧有一处直径约 2 米的用火遗迹，在遗迹的中心部位有 4 块岩石集中堆放在一起，周围有较多的木炭和灰烬。遗址内出土的石制品均以黑曜岩为原料，石制品类型包括石叶石核、石叶、石片等，整体尺寸偏小。石核的工艺流程是先选择黑曜岩为原料，然后对核体进行简单的修理，再对石核台面进行两步修理，即先修理基础台面，后修理有效台面，最终剥取石叶。从台面和剥片面的预制情况以及剥制石叶片疤的特征判断，加工者已经熟练掌握了剥制石叶的技术。

吉地遗址位于吉林省和龙市南坪镇吉地村，图们江左岸二级阶地，西南距离上游的和龙大洞遗址 35 千米。2021 年 3 月 4 日，吉林省文物考古研究所会同和龙市文物管理所追回了一件施工过程中流失的重要文物。经鉴定，该文物为一件黑曜岩原料的巨型石叶石核，通体呈锥形，高 53 厘米，预制台面近圆形，直径 16 厘米，周身可见同向石叶片疤 14 个，片疤纵贯核体，远端汇聚，重 16.3 千克。2021 年 3 月，吉林省文物考古研究所对文物发现地点及周边进行了调查，共发现文

和龙市吉地遗址发现的巨型石叶石核

物采集点 30 余个，采集遗物近百件，主要分布在图们江左岸二级阶地的西侧及部分出露地表的剖面中。发现遗物主要有黑曜岩石镞、石片和断块残片等，以及部分动物化石。根据地表调查和剖面发现动物化石情况，确认该巨型石叶石核发现地点应为古人类活动遗址，遗址分布面积约 1 平方千米。从原生层位发现的化石看，第 2 层黄褐色黏土质粉砂层应为石制品和化石的原生地层。

新兴遗址第 1 地点位于吉林省汪清县大兴沟镇蛤蟆塘村以东约 1 千米嘎呀河支流前河北岸的二级阶地，海拔 290 米。2018 年调查发现该遗址，2019 年进行了复查与试掘。调查和试掘获取的石制品原料以角页岩和黑曜岩为主，与以往长白山地区以黑曜岩原料占绝对比重的情况有所区别，该遗址距离长白山主峰较远，这可能与黑曜岩原料获取的难易程度有关。角页岩石制品原型几乎全部是棱角分明的岩块，与遗址下部基岩的粗砂岩明显有别。这类原料质地细腻，硬度和脆性适中，显示出当地人群对于优质原料的有意获取。该遗址的剥片技术包括石叶和细石叶技术两种，发现的石叶石核多以角页岩为原料，剥片面上片疤的长宽比都超过 2，片疤两侧边近乎平行，符合石叶的传统定义，部分石核还有预制台面和预制剥片面的情况。工具组合中既有端刮器、

新屯子西山遗址发现的石叶石核

新兴遗址第1地点石制品

立新遗址发现的砍砸器

刮削器等小型工具，也有砍砸器等大型工具。遗址测年结果为距今 1.6 万 ~1.5 万年，处在后末次冰盛期的气候转型阶段，也是长白山地区 1.5 万年左右遗址的首次发现，完善了长白山地区旧石器时代晚期的年代序列。

立新遗址位于吉林省安图县永庆乡立新村东北方向约 2 千米，富尔江左岸的四级阶地，海拔高度 546 米。2006 年发现该遗址，于地表采集到石制品 71 件。该遗址石制品原料主要来自河流砾石，岩性包括石英岩、砂岩、角页岩等多种类型，剥片主要采用简单石核石片技术，石片尺寸较大。工具类型包括刮削器、砍砸器和似手斧等，毛坯以砾石为主，其他毛坯为断块和石片等。工具尺寸以大型为主，其中大型砍砸器占比最高。关于立新遗址的发现，研究者认为属于砾石工业类型，与朝鲜半岛发现的手斧、砍砸器和多面体石核等砾石工业很相似。2021 年对该遗址进行了复查，在遗址中发现细石叶、穿孔石刀等遗物，说明该遗址包含多期文化遗存，而砾石石器的发现，很可能与遗址功能有关，并非代表人群或文化类型的变化。

传播

旧石器时代晚期是现代人演化与扩散的关键时期，人类的技术与认知能力快速发展，环境适应能力增强，扩散至除南极洲以外的全球各大陆，并成功适应了旧大陆高纬地区、青藏高原等极端生态环境。在此背景下，全球各地区陆续出现了不同技术形态的细石器产品，其中东亚与东北亚地区细石叶技术的兴起与流行打破了长期延续的石核 - 石片工业传统，并进一步形成了横跨东北亚与西北美的重要文化现象，见证了亚、美两洲史前文化的交

流与联系，对于探讨东亚与东北亚史前文化演化、人群扩散与环境适应等关键学术问题具有重要价值。围绕细石叶技术在东亚与东北亚地区的兴起、演化与扩散，国内外的研究者从类型学、技术学与功能——适应等视角进行了广泛的探讨。近年来长白山地区的考古发现表明，中国东北—西南走向的长白山是东北亚古人类演化与迁徙扩散的关键节点。

吉林省古人类活动的高峰出现在旧石器时代晚期遗址，他们多数围绕长白山天池集中分布，以黑曜岩为主要原料，包含成熟的石叶和细石叶技术产品，拥有高度定制化的端刮器、雕刻器等工具类型，既与旧石器时代晚期石器技术演化相同步，又表现出鲜明的区域特点，是研究石叶和细石叶技术在东北亚地区大范围出现的重要考古材料。

特别是和龙大洞遗址的考古发掘，是近年来我国东北旧石器时代考古的重大突破。遗址第一期文化年代可早到距今 5 万年前，是中国北方传统的小石片工业。到第二期文化，则出现了石叶和早期的细石叶技术产品，出土细石叶近端特征均显示出典型的压制剥片技术特点，年代最早可达距今 2.8 万年，这极可能是该时期东北亚最早的压制剥片技术产品。在这一阶段，还发现了有意对刃口进行磨光的局部磨光石器，这也是目前中国北方年代最早的局部磨光石器。由于第一、第二期文化之间存在明显的年代间断，石器技术也未表现出小石片向石叶、细石叶渐变的过渡性特点，这暗示着石叶和细石叶在长白山地区出现具有技术突变的色彩。第二期文化到第三期文化则表现出明显的技术连贯性，其中细石叶技术不断成熟，更趋于标准化。总之，上述三期文化，清晰展示了 5 万年以来大洞遗址石器工业从简单石核石片向石叶及细石叶技术转变的重要过程。

长白山是东北亚古人类扩散交流的重要枢纽，也是东北亚地缘政治的热点地区，具有关注度高、国际化强等特点。本次考古发掘完善了长白山地区旧石器时代遗址的地层、年代和文化序列，进一步深化了“长白山旧石器时代遗址群”内涵。其中东北亚年代最早的压制剥片技术产品和局部磨光石器的发现，对石叶和细石叶技术在东北亚地区的起源与发展意义重大，也揭示了隐藏在石器技术背后东北亚古人类迁徙扩散的路径。2023 年《细胞报告》杂志上的一项 DNA 研究发现，在末次冰盛期阶段，第一批冒险进入美洲的人类中有一些来自中国。生活在距今 2.8 万 ~1.5 万年和龙大洞遗址的古人类，极有可能是这群先行的冒险者，他们利用中国长白山地区丰富优质的黑曜岩原料，革新技术，增强流动性，克服了末次冰盛期以来的极端气候，扩散到了朝鲜半岛、日本列岛、俄罗斯远东甚至更远的美洲大陆。

飞跃

在多学科多领域学者的共同努力下，吉林省古人类的演化历程日渐清晰，旧石器时代早中期表现为简单石核石片技术传统，及至距今 5 万年左右，长白山地区的黑曜岩开始被广泛使用，并且贯穿了石叶和细石叶技术在东北亚地区的扩散全过程。长白山的狩猎采集者通过石叶和细石叶技术大幅提高流动性，以应对稀疏分布和流动的食物资源。在末次冰盛期以后，细石叶技术已经广泛分布在长白山地区以及整个环日本海地区，在资源与技术的优势下，极大地加速了晚更新世东北亚人群适应能力的提升与发展，为人类社会进入新石器时代奠定了坚实的基础。而以黑曜岩为原料的石制品，在长白山地区新石器时代、青铜时代都有大量的发现。例如，在和龙市兴城遗址青铜时代遗存中发现的石矛头造型十分精美，所表现出的压剥技术十分娴熟，而这种利用黑曜岩的传统，直至早期铁器时代后才渐渐淡出历史舞台。今天的吉林省位于我国的东北边疆地区，但是考古证据表明，在万年前的旧石器时代，这里是东北亚古人类迁徙与交流的核心区域之一，也是从中华文明主根系生发出来的重要支脉。对吉林省古人类遗址更加深入的调查与研究，必将不断丰富中华文明探源研究的广度与深度，追溯史前渊源，充实“旧石器东方行为模式”理论的价值内涵。

山地家园

吉林省通化市素有“八山一水一分田”之称。大山赋予了这座城市坚毅的性格，也为这片土地留下了波澜壮阔的过往。这里两山夹一川，以浑江为界，东西山地，一高一低，为植被生长提供了有利条件，也为生物繁衍创造了生存空间，更成为人类寻找栖息之所的绝佳选择。

1956年，一场大雨不期而至。通化市金厂镇东昌区跃进村与环通乡江南村交界处，高低起伏的山地间，一些形似刀斧的石器。在雨水的冲刷下浮出地表，考古工作者闻讯而来，试图解开这些器物的身世密码。

由于这个山地的形状像一个龟形，所以当地村民把它称为“王八脖子”。山顶能捡到很多遗物，比如石镞、石刀、石斧等。专家学者对该遗址的年代推定意见不一，有人认为遗址属东周时期，也有人推测为新石器时代。年代的久远，存续时间的不确定性，让这处遗址一时成为考

万发拨子遗址发掘区全景

万发拨子遗址发掘工作场景

古学界关注的焦点，并将其命名为“万发拨子遗址”，一次次对其展开考古调查。

直到 20 世纪末，在吉林省文物考古研究所的组织下，考古工作者决心对这处遗址进行一次彻底的考古发掘。

1997 年 4 月至 1999 年 11 月，考古工作者先后完成了前期勘探、探方布设、土层清理、深度发掘等多个工作环节。遗址保存得非常好，遗物也非常丰富。历时三年，发掘面积为 6000 多平方米，出土文物标本近 7000 件。

林林总总的遗物陆续出土，考古工作者发现，它们显然属于不同的年代，这处遗址并非单一时期的遗存，丰富的文化层，年代的连续性，令人叹为观止。

万发拨子遗址一共有 13 个文化层，文化层最深的地方达到 3 米多，这在整个东北地区都非常罕见。13 个文化层非常清晰，就像树的年轮一样。万发拨子遗址是浑江流域最具代表性的原始文化遗址。它的时间跨度较长，从距今 6000 年的新石器时代一直延续到明代，几乎没有间断过。

此次发掘发现了一个商周时期的埋藏坑，里面出土了晚商至西周早期的一个袋足鬲。过去考古学界都认为，浑江流域和鸭绿江流域，只见豆，不见鬲，没有三足器，而三足器则是中原文化的代表。远在千里之外黄河流域的殷商器物在这里出土引起了人们的好奇，专家初步判断，这很可能与中原文化进入边疆地区密切相关。不仅是器物，占卜用品的出现

万发拨子遗址
出土青铜短剑

也进一步验证了人们的判断。

万发拨子遗址的一个探坑里出土了 20 多件卜骨。这些卜骨包括猪、牛、羊、鹿，甚至狍子类动物的肩胛骨。万发拨子遗址的先民在动物肩胛骨上用火灼烧出若干个灼点，然后用硬器敲打灼烧糊了的黑点，形成炸纹，根据炸文的走向来占卜一天的吉凶祸福，推算是否适合出行、打仗、狩猎等活动。这种用卜骨进行占卜的行为是典型的殷商人的文化特点。

随着考古发掘工作的不断深入，大量石器、陶器、青铜器、铁器等陆续出土，这些跨越不同时代的遗物都渗透着文化融合的迹象。

遥想 6000 年前，新石器时代的古人类就已经在这片富庶的山地上繁衍生息，对他们而言，自己生活在怎样的时代并不重要，重要的是，脚下的土地能否成为他们安全舒适的栖身之所。在考古发掘中，围沟的出现替这里曾经的主人给出了答案。

万发拨子遗址
出土的卜骨

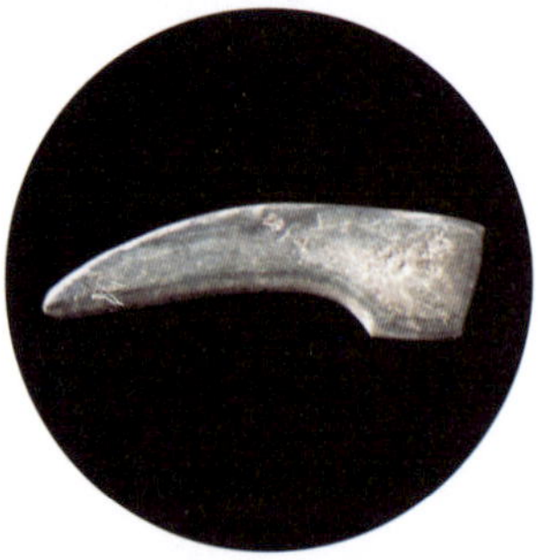

万发拨子遗址
出土的石戈

万发拨子遗址
出土的双耳陶壶

万发拨子遗址
出土的鸣镝

住

房址外围发现有一条围沟，这条围沟可能具有两个功能，一是防止野兽夜晚侵袭，二是防止外族侵扰。万发拨子的房址具有一定的规模且具备防护措施围沟，这些都是村落遗址的主要标志。

村落让古人类有了群居之所，专家们把这样的家园称为“聚落址”，即一部分人群定居下来。那时可能已经出现了酋长制，但因为食物短缺，一部分人外出打猎，一部分人在家耕地，最后食物进行统一分配。日出而作，日落而息，村落让古人类远离危险，共享食物，舒适惬意。

事实上，远古人类的智慧不止于此，不同时代火炕的演变过程也在此清晰可见。

万发拨子新石器时代的房址为圆形，周围有一圈柱洞，房址的中间部位是火塘，灶是由几块大石头垒成，人们在上面煮食或者取暖。房址内的柱洞从新石器时代一直到早期的青铜时代都是斜插的，不是垂直的

万发拨子遗址的房址

洞。据此推测，当时埋的木头应该是倾斜搭造，再用泥草混合涂抹，留有一个门。

魏晋、高句丽时期开始出现火炕，烟道有2～3条，呈曲尺形。有的房址内两侧是火炕，中间有一个炉灶，烟道在两侧铺设，最后在烟囱处汇合。

时间像万千溪流汇聚在一起。在当年的发掘工作中，考古人员看到，随时间改变的不仅是古人类的居住环境，他们的饮食结构似乎也因为“汇聚”而发生了巨大的变革。

食

万发拨子遗址的灰坑里出土了很多鱼骨、兽骨，推测当时这里可能是渔猎采集和农耕相结合的生业模式。遗址内出土有石镞、骨镞，还有大量的石网坠、陶网坠。石网坠利用天然的鹅卵石或者页岩，两边敲打出两个相对称的豁口制作而成。陶网坠有的是利用废弃的陶片，打磨出豁口制作而成；也有用陶土烧制而成，数量巨大。有时候会发现成堆的陶网坠。推测这可能是一整张渔网，腐烂以后留下了一堆网坠。据此可以推测万发拨子遗址的渔猎经济非常发达。

万发拨子遗址出土的骨鱼钩

遗址内还发现了一些被食用过的骨骼化石，如甲鱼的骨头，还发现有骨鱼钩，用骨头制成的骨针。不只是新石器时代，到商周时期，还可以发现骨针、骨锥、骨鱼钩等骨器。

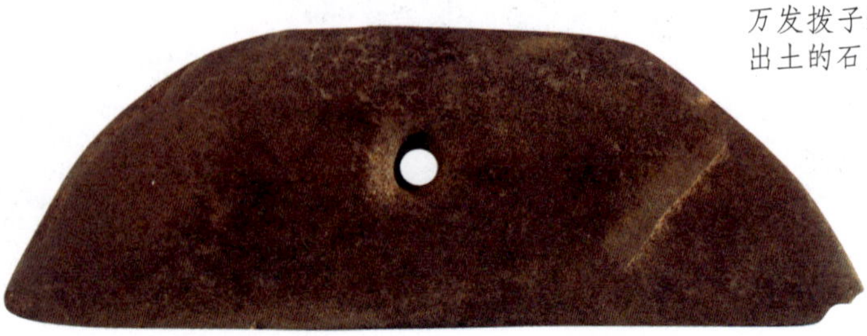

万发拨子遗址出土的石刀

行猎用镞，捕鱼用网。万发拨子遗址出土的形似半月牙的石制工具，就是远古人的餐具——弧背直刃石刀，与平原地区遗址发现的石刀相比，这件工具显然厚重锋利许多。

夫余，中心区域地处平原，以农耕为主。万发拨子也发现了夫余人（秽人）的墓葬。以石刀为例，浑江流域包括鸭绿江流域发现的石刀呈半月形，弧背直刃，两个孔位于上方。而代表了古夫余人的西团山文化出土的石刀正好方向相反，是直背弧刃，双孔在下。且西团山文化的石刀比较薄，用于掐谷穗、高粱穗，而万发拨子的石刀都很厚重，用于刮削兽皮、骨骼，切割动物的肉。有学者认为，秽和貊最终能够融合到一起，互相补充，弥补不足，秽人盛产粮食，貊人为山地狩猎民族，缺粮食，所以这两个部族互通有无，最后谁也离不开谁，融合在长白山下。

美

万发拨子遗址是一个巨大的民族融汇之地。多民族的文化交流推进了古代先民前行的脚步，生活与艺术之美便开始抽丝剥茧，幻化成蝶。

仓禀实而知礼节，生活在这里的古人类亦是如此，和大多数现代人的猜想大相径庭，他们的装备早已不是身披兽皮抵御风寒那般寒酸。

在发掘中，考古人员还发现了大量形似饼状或馒头状的工具，它们是做什么用的呢？

万发拨子遗址出土的遗物中，纺轮的数量尤其多。纺轮的形制也多种多样，据此推测万发拨子遗址的纺织业应该比较发达。但是东北不产棉花，估计纺织材料为当地所产的苘麻。

事实上，纺织并非古人类的唯一绝活儿，带孔的尖刺形工具——骨针，更揭示着古人类缝纫的智慧。骨针跟现在的家用针一样，一

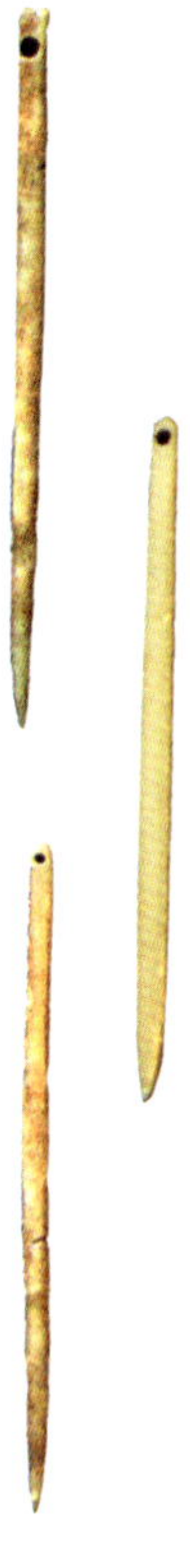

万发拨子遗址出土的骨针

端有钻孔。从骨针的出土就能看出来，万发拨子当时已经具备缝纫的技术了。无论是纺织，还是缝纫，都让古人类走上了美的“秀台”，站在历史的中央。

庞大的聚落遗址中，出土了大量石镐、石刀、石斧等打制石器，这些器物本身也体现着古人类的生存智慧和巧手匠心。

万发拨子遗址的石器非常漂亮。以石镞（石箭头）为例，新石器都是扁平的凹底或者平底箭头。青铜时代的箭头一般也为凹底，同时出现燕尾形箭头。汉代的箭头带有铤，磨制的石箭头非常漂亮，极其精致，基本都是用沉积岩（也就是通化地区常见的松花石）制成，绿色的松花石箭头非常精美。万发拨子遗址出土的石镞与全国其他石镞地区相比，可以说精致漂亮，技术顶尖。

万发拨子遗址出土石镞

葬

如果说房址是古人生前的栖息之所，那么，墓葬便是他们逝去后的魂归之地。

考古人员发现，万发拨子遗址分为东西两大区域，西部大量分布着房址，东部主要为墓葬区。这些墓葬，大小形制因年代不同而存在差异，考古人员试图在这里寻找到古代墓葬形制的特点。

考古人员在万发拨子遗址发现了一座长 19 米的 35 人合葬墓，考古工作队将其命名为 21 号墓，墓主人多为多人丛葬，其中男女都有，多

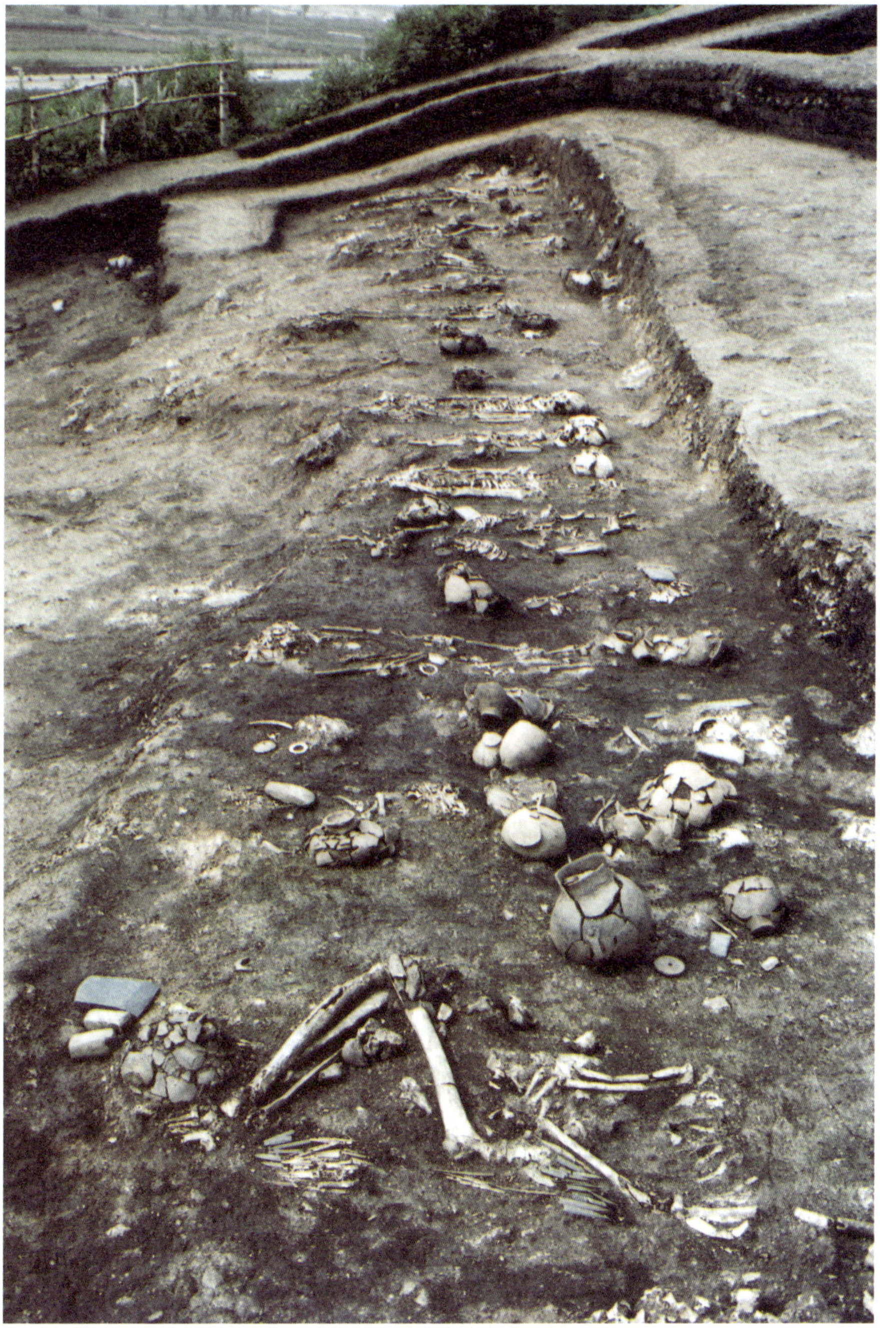

万发拨子遗址丛葬墓

数为女性。墓主人埋在中间，旁边散落着一些年龄不等的人骨。女性墓主人的随葬品最多，整个胳膊都套有蚌环，前胸挂有小的贝饰。推测该女性可能在部落里辈分比较高，但死因很难解释，因为她的葬俗很凌乱。该墓葬应属第三期文化，即春秋战国时期。

多人合葬令人费解，母子并骨更让人揣测。即使在今天，回忆起当年发掘的过程，考古专家们仍会深陷疑惑。

万发拨子遗址出土了一个母子合葬墓。母亲是一位年轻的女性，左手搭在右手上，右手握着一个纺轮，左腿搭在右腿上，也是呈交叉状。古代墓葬一般为仰身直肢或者侧身曲肢，万发拨子这个葬式非常特殊。且母亲的牙齿之间还咬着一个小骨头。这是一种什么葬俗？是不是和后来口里放压口钱的葬俗有关呢？

万发拨子遗址的文化内涵特别丰富，在清理过程中，一共发掘了 56 座墓葬。分为竖穴土坑墓、石棺墓、石椁石棺墓、大盖石墓、大盖石积石墓、无坛石圹积石墓、阶坛积石墓七种。万发拨子遗址墓葬形式非常多，可能和不同民族的融合有关，土坑墓一般是中原过来的汉族人的特色，而石墓则是长白山区的一个特色。

多种墓葬形式再次证明，在几千年的历史发展中，多个民族在这里汇聚、融合，13 个文化层汇聚于山地之上，将文化的演变连接在一起，形成了璀璨的历史曲线。

万发拨子遗址是迄今发现的吉林省东南部、鸭绿江中上游地区文化堆积最厚、文化性质最为复杂、持续年代最长、遗迹遗物最为丰富、文化特征最具代表性的古文化遗址。遗址发掘获取的大量考古学遗存信息，为鸭绿江中上游、浑江流域考古学文化序列的建立，深入研究东北青铜时代考古学文化，以及高句丽的起源与文化源流等诸多课题提供了翔实、可信的考古资料。遗址的第三期遗存（春秋战国）与第四期高句丽土著遗存间明确的文化渊源关系，为高句丽文化起源研究提供了重要线索，具有极为重要的学术价值。入选

万发拨子遗址土坑墓

“1999 年度全国十大考古新发现”。2001 年，万发拨子遗址被国务院公布为第五批全国重点文物保护单位。

透过历史的年轮，万发拨子遗址这处跨越了几千年文明的富饶之地，养育着代代先人，融合着南北文化，凝结着古人类的包容与创造、智慧与匠心，闪耀着文明的色彩，熠熠生辉。

后套木嘎

后套木嘎遗址
2011 年发掘区

吉林大地广袤而深沉。松花江、嫩江逶迤而来倾情赴会，形成了如今的松嫩平原。丰饶的自然资源孕育着这方水土，也孕育着璀璨的文明。逐江河而居是人类普遍的生存法则，在河湖遍布的吉林西部，人类的先民留下了星罗棋布的足迹，他们在这里居住生活、繁衍生息，位于大安市安广镇的新荒泡百般仪态，千种风情。历经岁月的洗礼，诉说着曾经的过往。而坐落于新荒泡东南岸漫岗之上的后套木嘎遗址正演绎着万年前的辉煌。

梦开始的地方

1957 年夏，当地文化工作者在泡塘东南岸调查时，发现地表散落了大量人骨陶片和细石器，这引起了他们的注意。

第二年，考古人员进行了复查，确认这里为一处古人类遗址，取名为永合屯细石器遗址。

1962 年，考古人员对永合屯细石器遗址进行了小规模试掘，出土了三座墓葬，墓葬中随葬品较少，但有琢制的石镞和由兽牙组成的项饰。神秘的遗址发端于何时，是谁曾经在这里生活过呢?

时间不断推移，1986 年 4 月 17 日，大安县人民政府将永合屯细石器遗址批准为大安县第一批重点文物保护单位，重新定名为后套木嘎遗址。当时遗址所在的村子叫后套木嘎村，是蒙语。“套木嘎”在蒙语中的意思是指水边的高地，当时存在两个村子，一个叫前套木嘎，另一个叫后套木嘎，就是这个高地，将之一分为二，一个村子在漫岗前面，另一个村子在漫岗后面。

时间来到 2011 年，为进一步揭开后套木嘎的神秘面纱，考古人员对遗址进行了大规模发掘，拉开了长达 5 年的艰苦发掘的序幕，这也是一个惊喜不断的过程。

逐梦

从 2011 年到 2015 年，考古人员发掘了大概 5000 平方米，出土的遗存比较丰富，可以说是吉林省新石器时代遗址中最典型的一处。

经过考古人员们的不懈努力，整理的材料日益丰富，队员们全方位

收集了后套木嘎遗址出土的陶器、骨器、石器、蚌器等人工遗物，同时还包括许多自然遗物，并对远古人类生存的自然环境，还有那时他们社会的生产模式进行了检测以及部分复原，得到的结果使人振奋。

通过考古勘探，考古人员们确认了后套木嘎遗址的分布范围，即南北长约 2150 米，东西宽约 1190 米，面积约 141 万平方米。后套木嘎遗址的遗存可分为七期，其中第一期至第四期为新石器时代遗存，第一期遗存是东北亚地区迄今所知年代最早的新石器时代遗存之一，为研究渔猎定居型文化的出现、陶器的产生等重要课题提供了极为关键的材料。此外，第一期和第三期遗存填补了嫩江中下游地区新石期时代文化编年序列中两个重要缺环；第五、第六期为青铜时代遗存，其中，第六期即汉书二期文化墓地的大规模揭露，为研究墓地布局及社会组织结构创造了有利条件；第七期为辽金时期遗存。年代跨度上，最早可至距今 13000 年，最晚可至辽金时期。

万年前的陶器

后套木嘎遗址发现了距今 13000 年至 11000 年的陶器。

陶器的发明是人类文明发展的重要标志，是人类第一次利用天然物，按照自己的意志，创造出来的一种崭新的东西。陶器的出现，标志着新石器时代的开端。

在发掘过程中，考古人员注意到，出土的陶器陶胎较厚，一些炭或植物纤维夹杂其中，技术粗糙，具有新石器早期陶器的显著特点。

早期陶器具有一些自身特点，比如陶质较酥，烧制的时候火候很低，容易破碎。另外陶胎较厚，而且陶胎内部往往夹杂植物的纤维、碳化的植物纤维。经过对碳化的植物纤维进行鉴定，可知属于当地的禾本科植物，在陶器成型时将泥浆和这种植物和成泥，然后用泥环套接法一圈一圈套叠成型。这种制法比较原始，第一期陶器上的纹饰主要是用篦齿工具戳压形成，这里所指的篦齿工具类似于梳子齿，如用小木头片，上面刻上齿，戳压形成，这种篦齿纹主要流行于东北亚地区，在新石器时代较为流行，它布满了器物的全身，一排一排，整体形似编织器，主要是模仿了早期的草编篓这种编织器，陶器最早的产生，在一定程度上是模仿原有的器具的结果。

尽管这些陶器工艺原始，但无论是在原料中夹杂其他物质加以固定成型，还是模仿绳编的纹理图案，都体现出了远古人类的伟大智慧。

此前，超过万年的早期陶器，在中国的华南、华北，还有日本、朝鲜半岛以及俄罗斯的东西伯利亚地区都曾被发现，唯独东北地区没有发现。因此，后套木嘎早期陶器的发现填补了整个东北地区早期陶器的空白。

后套木嘎遗址所处地势东高西低，呈缓坡状，海拔高度约130~150米。这处神秘的遗址，带给人们无穷无尽的想象。历经万年的漫长岁月，它曾经的主人是如何来到这里，并将其作为栖息之所，生存繁衍，又是如何与自然抗衡，带领族群远离外界侵扰，我们都不得而知。或许，他们的力量比我们想象的更加强大。

后套木嘎遗址出土的陶鼎

后套木嘎遗址出土的陶壶

后套木嘎遗址AIV区房3

壕沟内侧房址

除了万年前陶器之外，考古人员们又有了惊人的发现——在巨大壕沟内侧，竟然还存在着多处房址。

结合现有发掘资料，考古人员认为，后套木嘎时期生活的远古先民们的生存环境和生存状况比之前预想的可能要好很多。比如，在后套木嘎四期遗存内，相当于新石器时期较晚阶段，其年代大致相当于红山文化时期，考古人员发现了大量的房址，而且房址的规模普遍较大，甚至发现有100余平方米的大型房址。而且，里边的房址都是成排分布的半地穴式建筑，深度一般在三四十厘米左右，中间有灶，灶坑朝东或者朝东南，有一个门道，形制简单，房子平面以圆角方形为主，门道朝东或者东南向阳。

随着发掘工作的深入推进，考古人员还发现，这些半地穴式的房址排列有序，统一规划的痕迹特别明显。

考古人员发现如此大规模的房址存有密集的柱洞，可以想象当时是一个规模非常大的聚落形态，相当于一个村落，房址的排列很有规律，这意味着什么呢？意味着他们会同时进行建造制式房屋，所以他们的房门都朝向一个方位，房子的墙也都是平行的。

壕沟内的动物遗存

为进一步寻找古人类生活起居的蛛丝马迹，考古人员对这些包围着大部分房址的壕沟继续深入发掘，越来越多的鱼骨和兽骨碎片陆续出土，这一重要线索还原了古人类的生活场景，成为考古人员对遗址展开研究的又一个重要抓手。

这些动物骨骼中牛和马均有，且层层叠叠，部分可达 3 ～ 4 层。另外，在壕沟内还发现了许多鱼类，鱼的种类与现在大安境内新荒泡、月亮泡和查干湖内发现的鱼类十分相似。这说明，我们目前食用的鱼类在数千年之前就已经出现在古人的餐桌上。

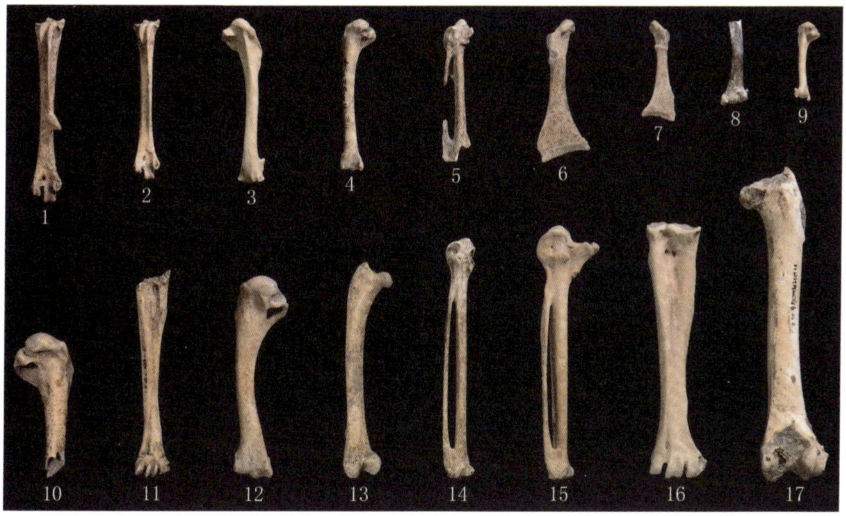

后套木嘎遗址内出土的鸟类骨骼

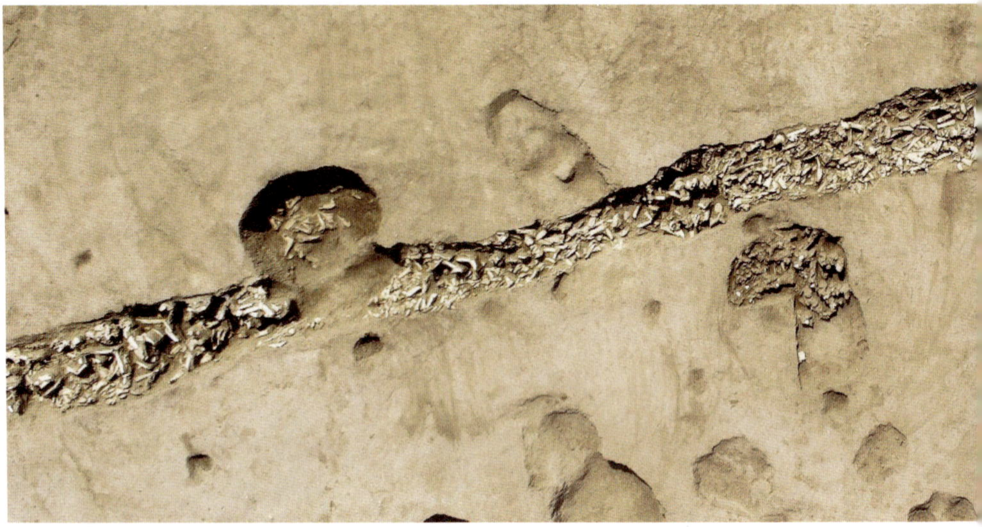

后套木嘎遗址 AIV 区骨头沟

动物考古专家在对壕沟内出土的动物骨骼进行研究时，并未发现家畜饲养等其他生产模式的证据，从出土的细石器、残骨器、夹蚌陶等情况来看，当时的手工业有了一定程度的发展。从对动物的肢解痕迹、骨料的截取痕迹来看，当时人们对动物的特点有了比较深入的认识，并已经形成了一套有效的方法来对动物进行捕捉、肢解和食用，还对动物骨骼与皮毛加以利用。此外，通过对发现的动物遗存进行研究，专家们还认为，壕沟内动物遗存可以反映出当时古代人的食谱是非常丰富的，除狩猎哺乳动物外，还捕捞了大量的鱼类、贝类以及鸟类。在早期，一般认为是东北的新石器时代，当时人们的主要生产方式就是狩猎采集。而这个时期，野生动物数量极为丰富，无须饲养，所以在东北的新石器时代是以狩猎经济为主。

在以狩猎采集经济为主的新石器时代，居住在这里的先人靠勤劳的双手，过上了富足的生活。而眼前这些壕沟的作用又是什么呢？正当考古人员为古人类丰富的食谱慨叹时，一个更令人兴奋的发现转移了大家的注意力，壕沟表面散落的动物碎骨下面，靠近沟底的位置，关节相连的大块动物骨骼陆续被发现。

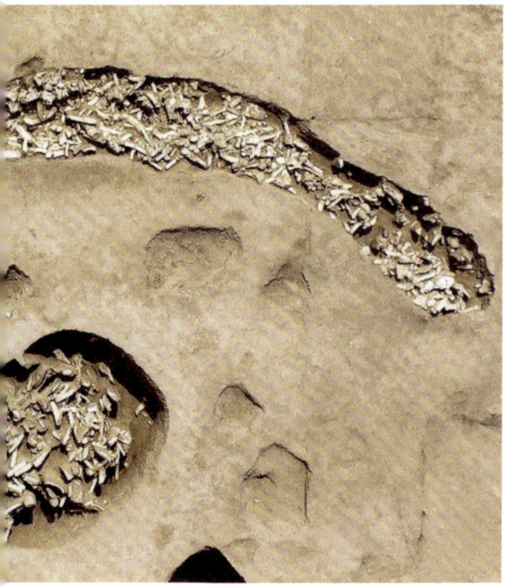

考古人员发现靠近沟底的地方有几块骨头，关节是连在一起的。其中有一个很明显是野牛的脊椎骨，大概有六七节，一个连着一个。这种现象说明什么呢？说明当时的骨骼大概是带着肉放进去的，如果不带着肉放进去关节肯定会散乱的，即关节不会严丝合缝。还有一个是野牛的腿，也是关节连在一起的。因此考古人员推测，这种骨骼是带肉放进去的，并认为这种迹象表明，当时人们在猎获大型野牛这种动物之后，可能存在一种祭祀仪式。类似于印第安人的那种，印第安人在猎获野牛之后，整个部落会举行一场盛宴，在盛宴之前，需要先祭祀神灵，祭祀后，剩下的部分由大家一起分享。

生产、生活用具

不管是用来划定聚落范围防卫野兽，抑或是用来祭祀，远古的沟壑、散落的残骨，都诠释着一个事实：古人类已具备足够的力量去战胜异类并把它们作为食物，以满足生活的需要。但仅靠赤手空拳不现实也不可能，因此又一个问号在考古人员脑海中浮现，他们是如何做到的呢？随着发掘工作的继续深入，大量渔猎工具陆续出土。

在新石器时代四期遗存内，发现的主要是细石器，是很小的箭头、刮削器、骨柄石刃刀之类的工具，磨制石器比较少，从功能上看，主要是渔猎工具。

据考古人员介绍，镞可能是用来捕猎大型动物的，在祭祀沟和祭祀坑里面，也发现了许多动物，这应该和弓箭的使用密不可分，遗址内发现大量骨镞、石镞和金属镞，它们虽分属于不同时期，但也可说明弓箭的使用极大地提高了捕猎水平，这是捕猎陆生动物所常用的工具。还有捕猎水生动物所使用的工具，比如鱼镖，浑身长满倒刺，还有带着倒刺的骨镖，多是有一个木质的叉状柄，或者是一个杆，于其前面镶嵌着这种骨质鱼鳔的头，或者像矛一样的头。

考古人员注意到，在出土的工具中并未见到明显的农业生产工具。专家推测，这和该地区的生产方式有着千丝万缕的关系。这个地区一直到比较晚的时期，都是以渔猎为主。从新石器时代、青铜时代直至早期铁器时代基本上都是这样。遗址位于吉林省西部，有大片湖沼、湿地，所以水生的动物资源比较丰富，人们主要的生活资源来自湖泊和河流。

除生产工具外，这些遗物中还包括部分生活器具和装饰品，甚至有的制作非常精美。

如盘子般大小的壳、浅碗般大的贝类，摞在一起，有的就是四五层摞在一起的，当作饭碗或者是汤碗来使用。此外，还发现了许多装饰品，如在鱼的腮骨上钻孔，或在鱼的大骨骼上钻眼儿做成针，钻孔也许是为了做成一个挂在耳朵上或者是挂在脖子上的小饰品。

精致的物品，印证着当时古人类生活的富足，他们已拥有剩余的生产资料和闲暇时间来“肆意挥霍”，但不管怎样，眼前的每件遗物都被赋予了神圣的使命，它们歌颂着远古人类非凡的智慧与无穷的创造力。

后套木嘎遗址出土的石镞

后套木嘎遗址发现了很多骨柄石刃刀，这些石刃刀是用大型动物马或牛的肋骨制成，古人类将肋骨打磨得非常精美，并在肋骨上刻槽，槽上面镶嵌精致石料做成石刃，常用强度和硬度十足且易加工成型的黑曜岩作为石材。

面朝大海，春暖花开。这是现代人对理想生活最简单的诠释，曾几何时，遗址的主人也在用最直白的方式，叙述着他们对生息之地的眷恋。

后套木嘎遗址出土的石坠饰

后套木嘎遗址出土的玉环

汉书二期墓地的头向

这次发掘，后套木嘎第六期文化的大量墓葬被发现，它们和后套木嘎四期的半地穴式建筑有所不同，并未呈现出明显的直线排列，或平行排列。但考古人员惊奇地发现，每个墓主人的头部似乎隐约都指着同一方向，这其中究竟暗藏着什么规律呢?

距考古人员回忆，原本在一个方向朝向湖水的时候，会发现墓主的头大概是朝向东北方向，而另一片的墓地，墓主头部就朝向正北了，最后把它们所有的都摆在一起，会发现头都朝向水面。

目前尚不清楚这究竟有何种深层含义，也许意味着古人类对于水的亲近，或者说某种眷恋 ，或者说他们是在做一种祈祷，那就是说这片生我养我的水，我们最后的时候，也让我们的头或者心跟它在一起吧!

圆梦

万古苍穹，瞭望无终，地处嫩江下游的后套木嘎遗址，对构建和完善松嫩平原西部，考古学文化的编年序列有着重大影响。

后套木嘎遗址AⅢ区墓7(东北—西南)

应该说从科研角度来讲，后套木嘎遗址是具有重大价值的，后套木嘎一期的考古学文化，到目前为止，在整个中国东北部地区，包括远东地区，都是比较独特的一种考古学文化，目前尚未找到它的源头。至于它以后的源流如何值得探索。后套木嘎遗址发现了七期文化遗存，如此深厚的文化层，近乎是一个连续的演变过程。后套木嘎第一期陶器的发现填补了东北地区早期陶器的空白，其对于研究早期陶器的起源和传播具有非常重要的意义。后套木嘎七期遗存的发现，为建立嫩江流域，汉以前考古学文化的边疆序列奠定了基础，同时配合对其周边的调查，嫩江流域汉以前的考古文化序列得以建立起来。另外，通过 5 年的艰苦发掘，在发掘过程中对于发掘技术和方法做了深入探索，这对于推动吉林省文物考古工作的发展也有一定的积极意义。

日月交替，万古流年，矗立于悠远的湖畔，眺望远古的沟渠，人们依然可以听到远古人类智慧的生存旋律在耳畔一次次响起，那是人类发展进步的号角，正吹响着下一个璀璨的黎明。

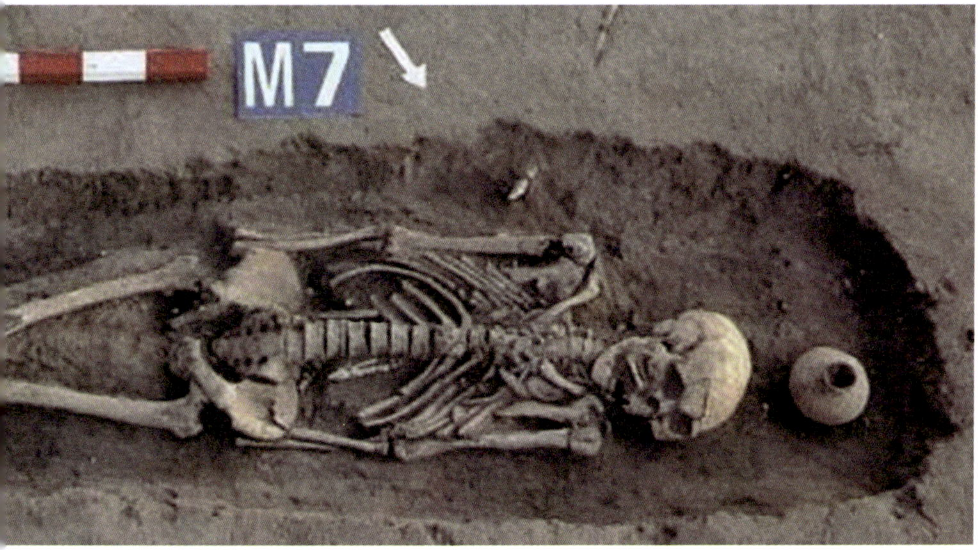

渔猎营地

发源于吉林省东辽县的吉林哈达岭山脉小寒葱顶子峰东南的东辽河，汉称南苏河，明称艾河，是辽河干流上游地区东侧的大支流，自河源向西，穿越深谷，经杨木咀子转向西北，再经二龙山穿越中长铁路逐渐流入平原。而位于双辽的大金山遗址正坐落于此，大金山遗址位于吉林双辽市新立乡大金山林场西北，地处东辽河冲积平原北部边缘东西向固定沙丘的南坡，东距东辽河直线距离 5000 米。遗址于全国第二次文物普查过程中被发现并逐渐为学界所知，2013 年被纳入至后太平遗址群并核定公布为第七批全国重点文物保护单位。2017 年，吉林大学边疆考古研究中心组织师资力量对该遗址进行了调查和勘探。

令人欣喜的发掘收获

时间追忆至 2018 年 7 月，正值盛夏时分，吉林大学考古学院的师生们开始对大金山遗址进行了第一次主动性发掘，直至项目完结，这一挖就是两年。

以吉林省文物考古研究所和吉林大学为主体的大金山考古队经过两年多的艰苦发掘，累积发掘面积 1400 余平方米，共清理房址 65 座，灰坑 336 个，墓葬 4 座，灰沟 15 条，墙 1 段，灰堆 36 处，踩踏面 17 处，灶址 11 个，柱洞 11 个。出土各类标本近 4000 余件。考古队员们根据出土遗物特征及碳十四测年结果，初步判定遗址的年代为春秋战国时期，

大金山遗址
房 37 航拍

最晚可至西汉初年，另见有少量辽金时期遗存，仅分布于发掘区西北处。

为了了解当时人类所处的自然环境，当时是温暖还是寒冷，植被是丰茂还是贫瘠，有树还是有草，房屋立柱的木料来源以及树种等，考古队请来了东北师大做地理学探测的和古环境的老师协助调查，他们在发掘区内每隔 5 厘米，由上至下进行系统的采样，共采集了几十个样品，已经送到实验室去进行处理。我们非常期待最后的结果。

在发掘过程中，队员们发现了大量生活器物、动物骨骼等，其中，以鱼类、蚌类和贝类等居多，显然，这是一个逐水草而居的渔猎族群，东辽河的丰富资源是他们获取生活必需品的重要渠道。

大金山遗址的先民们在此生存的那段时间，遗址旁边，刚好就流淌过现在所命名的这条东辽河。而东辽河环绕着大金山遗址所在地。它为居住在这个高地或者台地上的人们带来水资源。同时还有由水带来的各

大金山遗址
内同层房址

种水生或陆生动物。此地对于这些物种的获取，也会较其他的位置更为优越。所以说，靠山吃山，靠水吃水，绝不仅仅是一句空谈。

遗址中发现了数目众多的圆形房址、蚌堆以及灰坑等遗迹，其内出土了数以万计的水生、陆生动物骨骼以及制作极其精美的渔猎工具，展现了青铜时代东辽河流域季节性渔猎聚落形态，这些遗存的发现生动地呈现了一幅青铜时代的先民们进行渔猎采集活动的画面，大金山遗址也是东北地区青铜时代首次确认的季节性渔猎暂居营地性质的遗址。

遗址中发现的陶器常见器型为罐、壶、豆、碗、钵等，以夹砂黄陶和灰褐陶为主。陶土一般经过淘洗。一般而言，陶豆黏土含量较高，没有明显羼和料。纹饰以麦粒纹（戳印）居多，兼有横列、纵列、星形和品字形纹饰，另有珍珠纹；口沿有花边和附加堆纹。此外，数目众多的金属（青铜）器、大量的石器及骨角牙蚌器的出土，也在一定程度上反映出遗址的规模及延续时间长的特点。

大金山遗址
内发现的豆

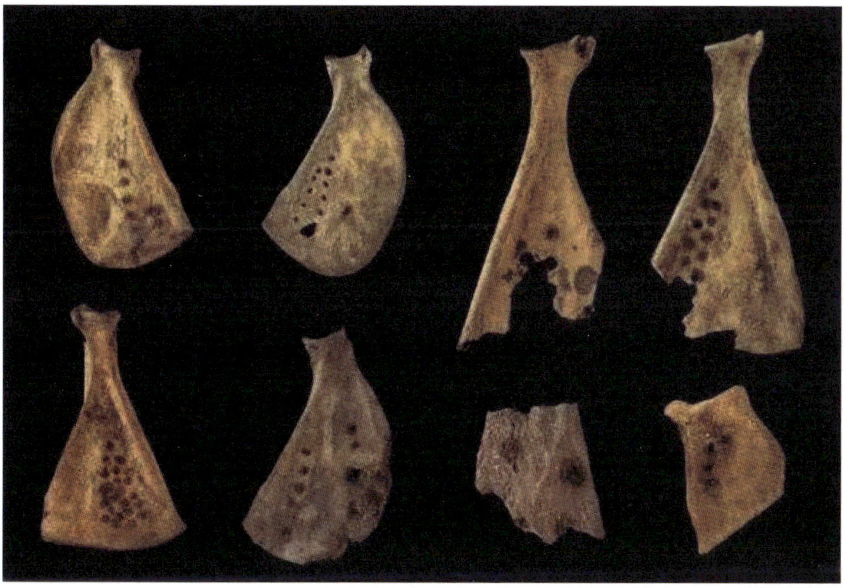

大金山遗址内发现的卜骨

另外，在精神文化领域方面，遗址内发现了数量较多的卜骨，种属多样，包括马、牛、鹿、狍子和狗等。考古队员们查阅民族学资料发现，在外蒙现在还保留有一种简单的习俗，就是用一些动物的肩胛骨进行占卜，他们把它当成一种仪式性的活动。眼前这些卜骨上，每一处灼烧的痕迹都流露出神秘之感。在古代先民的生活中，占卜和祭祀往往相伴相生。卜骨的发现填补了东北地区资料的缺环，展现了北方占卜体系的地域性差异，对于研究东辽河流域青铜时代的祭祀活动甚至人群的精神文化领域具有重要的意义。

仓廪实而知礼节，衣食足而知荣辱。富足，为古人类精神世界的追求提供了空间，一件件象征着古人娱乐生活的乐器也重见天日。

在大金山遗址中还出土了骨哨、鸣笛以及口簧等乐器类遗物，其中骨哨和鸣笛可能是作为传递信号的工具，而口簧吹奏乐器的发现，即便是半成品，也从侧面反映出当时人们精神世界的富足以及对于生活乐观向上的积极态度。

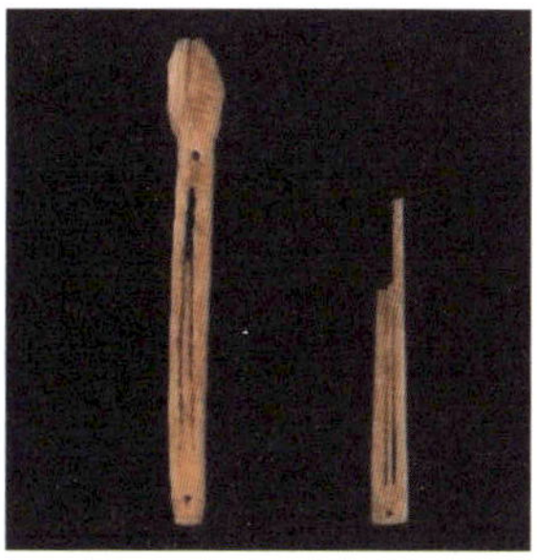

大金山遗址出土的口簧

“我们”从哪来，又将向何处去

从茹毛饮血到钻木取火；从采集狩猎到农耕播种。人类发展的每一次进步，都经历了漫长的岁月。大金山遗址经历过怎样的发展演变过程，尤其是文化存续的年代和阶段，值得专家们仔细探究。而且同处于东辽河流域，距离相近的大金山遗址和后太平遗址群，它们之间又存在着怎样的差异和关联呢？考古队员们在发掘中逐渐找到答案。

在发掘过程中，发掘出了一些底部很平且浅的坑，无门道、无柱洞、无灶址，是房址中的典型“三无产品”，完全不具备房址特征。然而，考古队员们却能一次次化腐朽为神奇，通过考古发掘、记录的科学性和准确性，打破了思维局限，大胆推测，终于找到了这些“坑”实为房址的证据。考古队员们将水平高度高于房址几米的野外用火的灶址与所谓的浅坑结合起来，抛开水平高度的差异问题，这些野外用火的遗迹实际上完全分布于这些“浅坑”四周，这就将房址与“浅坑”联系起来，而这些野外用火的遗迹实际上是当时人们室外使用的灶址，而这些浅坑则是作为居址使用的窝棚类遗迹。

这些窝棚类房址在大金山遗址中发现的数量较多，这些小且浅的近圆形房址在青铜时代不作为永久性居址使用，由于遗址临近东辽河，考古队员们又将视角转移到渔猎行为上来。队员们查阅了许多民族学资料，发现赫哲族和鄂伦春族在进行渔猎的过程当中会使用这种他们称为撮罗子或者昂库的非常简易的房子进行选址建造，东北话叫地窨子，他们使用的房子比遗址内发现的规模还小，有的是很浅的半地穴，或者甚至连半地穴都没有，旁边卷的是树皮，由斜着的柱子支撑起来，搭在一起做成骨架，上面甚至没有房顶。没有房顶的房子，可能是因为它中间可能会有灶，这样便于排烟。就这样作为一处简易的、临时性的渔猎营地使用。由此可见，大金山遗址发现的30余座圆形浅坑式房址，当时与渔猎活动相关。试想一下，当时在东辽河边，相当于春秋战国时期，有许许多多的渔民，他们白天在东辽河用各种方法，如使用鱼鳔、鱼钩或者渔网进行捕鱼（在遗址内发现了鱼鳔、鱼钩和网坠等遗物）。捕完鱼之后，他们也许会对鱼进行加工，比如晾晒或者腌制。等到夜幕降临之后，他们就进入这种简易的渔窝棚里边，几个人促膝相坐，围在这样的火堆旁边，度过漫长的夏天夜晚。直到真正的冷风来袭，这个地方已经不适合过冬，人们才带着这个渔季里满满的收获转移到固定营地中去“猫冬”，度过漫长且寒冷的冬季。

在上文中，考古人员将大金山定义为季节性渔猎营地，这是对大金山遗址的全新定义，可是，专家们所指的季节性，判断依据又是什么呢？

陆地之上，水流之下，大自然的恩赐，让人类得以生生不息。可自然赐予人类的不仅是物质资源，还有千百年后，追溯历史的天然实物依据。寻根溯源是现代人的本能。考古专家们从出土遗物中进行了解读，如遗址中发现的狍子角或者鹿角，可能本身就具有季节性；炭化的种子遗存本身就有生长周期；发现的几个大的贝壳堆，贝壳种类单一且集中，这种贝类在一年中捕捞周期固定；另外，从遗址中出土的生产生活器具也能看出端倪，比如骨针是当时最先进的缝纫工具之一，是人类勤劳和智慧的结晶。古代劳动者把它们遗留在土层深处，跨越数千年，被现代人发现，高超的制作工艺令人赞叹。正是因为这种居所的“临时性”，古代先人才有了短暂的“将就”。遗址中没有发现真正的农具，但发现了很多疑似农具的遗物，如石锄或者石斧，经过专家的研究，认为这些疑似且已损坏的农具可能是当时人们由别处携带过来，用来加工或者磨制渔猎工具的。

在与大自然的博弈中，人类不仅是狩猎者，更是生产者，同时也是加工制造者。 遥想当年，古代先民把这里选作驻地，开始了短暂的渔猎生活，他们日出而作，日落而息，季节变换之后，回到固定的居所。

大金山遗址地处东辽河下游，邻近西辽河与东辽河交汇处，北接吉林省中部平原地带，处于人群往来、文化交流的“十字路口”。从现有资料推断，西周早中期双房文化北上，迫使庙后山文化、新乐文化北迁，此过程中大金山遗址应吸收了新乐文化中的桥形耳因素、双房文化中的长颈壶、短颈壶器型及叠唇带耳、假圈足技法等。春秋中期前后，应从西部吸收了夏家店上层文化的部分因素及凌河文化与水泉文化叠唇和唇缘内侧抹斜技法。此外，大金山遗址与其北部文化交流尚不密切，零星见有白金宝文化因素的陶片，推测是白金宝文化人群南迁的结果。

铁削刀、青铜镞等燕式器物的发现表明，战国时期，随着燕国不断向北扩张，燕国的足迹已逐渐深入辽东、辽北、吉南等地区，伴随而来的燕文化也在不断地扩大辐射范围，文化元素已深入至辽吉地区已有的考古学文化，与之交流、融合甚至取而代之。位于大金山遗址东部的二龙湖古城证明了燕国的统治力量已经到达了东辽河下游。而二龙湖古城作为燕国最北境的控制点，以其为中心向周边传播燕文化，大金山遗址处于燕国统治区内，不仅直接接纳了燕式器物，如铁削刀、青铜镞等，更在被动中吸收了燕文化的大量因素。

至战国末期，以大金山遗址为主导的宝山文化，于其发展的后期出现分流：通过与后太平遗址第五期遗存比较后推测，文化的一部分于东辽河流域逐渐融入后太平遗址第五期遗存，并在汉文化扩张后逐渐被消融，另一部分在发展过程中向北传播。从大金山遗址与邢家店类型遗存的比较中可推断，在战国中晚期，可能存在人群流动情况，大量吉南辽北地区人群北迁，部分文化可能随人群的流动而逐渐北上，冲积西团山文化向西的文化势力，融合当地土著文化产生了邢家店类型。而在夫余文化的遗存中依旧可见部分因素，因此，北上的宝山文化可能为夫余文化的渊源之一，与南下的汉书二期文化、当地西团山文化共同融合形成了夫余文化。

此外，大金山遗址由于缺乏墓葬资料，难以从文化根源去把握其人群的认定。从目前的材料来看，仅能推断大金山遗址背后的人群属于中国北方地区的渔猎民族，至于属于哪一支，尚无法确定。

大金山遗址作为一处以渔猎采集为主的生业形态的季节性营地遗址，其发掘有助于东辽河流域青铜时代至早期铁器时代考古学文化编年序列的建立与完善，同时有助于研究该流域与嫩江下游、西流松花江流域、下辽河流域考古学文化间的交流与融合。

在战胜自然、利用自然的过程中，古人类表现出了十足的智慧，这种智慧引领着他们过上更精彩的生活。作为吉林省境内发现为数不多的季节性渔猎营地遗址，大金山遗址的背后隐藏着无穷奥秘和多彩文化，等待着后人继续去发现、去探寻。大金山遗址为我们呈现了一幅数千年前东辽河流域先民在此生产生活的壮阔画面，也向世人展现了从青铜时代向铁器时代发展过渡时期是多么曲折、多么剧烈与震荡。或许，这也是边疆地区在这一时期的缩影吧！

大金山遗址发现的蚌壳堆

长山曙光

辽河是中国七大河流之一，汉代以前称句骊河，汉称大辽河，是东北地区两大水系之一。在吉林省境内，它流经辽源、伊通、梨树、怀德、双辽等地，千百年来，它用博大的胸怀孕育着两岸生灵。

辽河有二源，东源称东辽河，西源称西辽河。西辽河流域地处大兴安岭南麓和燕山北麓夹角地带，五六千年前，红山文化在这里诞生，新石器时代的曙光曾在这里闪耀。东辽河文化同样也是源远流长，丰富的文化遗存遍集于此，为其悠久而厚重的历史提供了充分的考古学依据。然而，有关新石器时代的文化遗存却并未在东辽河流域被发现。

长山遗址远眺

人们不禁发问，5000年前，远古先民的足迹真的未曾出现在东辽河流域吗？正是带着这样的疑问，东辽河流域的考古工作不断深入开展。对位于梨树县境内的长山遗址进行考古发掘，就是工作内容之一。

“长山”，即狭长的漫岗，长山遗址就位于这漫岗之上，处于东辽河中游左岸，北距东辽河约1公里。漫岗最高处约高出地表10米，岗上较为平坦。似乎正是这样平坦的地形，吸引了古代先民在此“安营扎寨”，于是才有了今日长山遗址上丰厚的古代遗存。

1983年，第二次全国文物普查时就对长山遗址进行了调查，发现了少量的夹粗砂、夹砂红陶或褐陶片和磨制石器。第三次全国文物普查时对该遗址进行了复查。2015年，吉林省文物考古研究所、吉林大学边疆考古研究中心等单位再次对长山遗址进行调查，发现遗址北部地表散布较多新石器时代和青铜时代遗物，南部地表多见辽金时期遗物。2016年，作为吉林大学田野考古实践教学基地，吉林省文物考古研究所联合吉林大学边疆考古研究中心等单位组成联合考古队，对长山遗址进行了首次正式发掘，发掘面积近1000平方米，发掘墓葬9座、灰坑79个、灰沟8条。出土可复原陶器12件，铜器、铁器、石器、玉器和骨器等

长山遗址 2016 年度发掘区全景

各类人工遗物300余件。这些遗存大致分属于新石器时代、青铜时代及辽金三个时段，其中以青铜时代和辽金时期遗存为主。2017年，考古队再次对遗址进行考古发掘，发掘面积2250平方米，共发掘灰坑299个、墓葬10座、房址23座、灰沟10条。出土可复原陶器21件，小件2900余件，包括石器、陶片标本、骨器、金属器、铜钱等。这些遗存分属七个时段，分别为涉及新石器时代的两期遗存、青铜时代的两期遗存、鲜卑遗存、辽金时期及清代文化遗存等，以前四个时段为主。

2017年发掘的20多座房址是长山遗址的重要发现，它们都属于新石器时代。其中，编号为F001的房址面积达100多平方米，是所有房址中面积最大、房内遗迹发现最多、堆积中包含物最为丰富的房址。在该房址中，出土了大量陶片、动物骨骼、石器、骨器、可复原陶器以及陶塑人像，房址内还发现了18个灰坑和8个灶址等遗迹。面积如此之大的房址在新石器时代并不多见，在同一房址内发现如此丰富的遗物和遗迹，在该地区考古发掘中也实属难得。考古队从房址的结构、出土的文物等分析，推测这座房址是几代人长期居住并使用的房址。

发掘时，考古人员发现有的灶烧得非常坚硬。通过实验，发现在长山遗址，如果想把土灶烧成坚硬的、板结的烘烧面的话，需要非常长的时间。因而我们得出这样一个结论：这些房址中发现的灶的坚硬程度和厚度，是经过长期、大量燃烧才能形成的。而长期大量的燃烧，无外乎如下几种可能：一是用来烹煮食物，二是用来取暖，三是用来照明，而且很可能是一灶兼具这三种功能，并且使用时间很长，那么就说明房址的使用时间也是比较长的。

房址数量多，面积大，存续时间长，这些足以证明，远古时期的先民曾居住在长山遗址之上，他们靠山吃山，靠水吃水，依靠这里丰富的动植物资源，繁衍生息，创造璀璨的文化。

出土遗物表明，当时的人们已经具备足够的力量和智慧，去获取大自然的恩赐，集精致、锋利与耐用性于一身的或用于射杀猎物，或用于剥皮切割的工具，成为先民们与大自然抗争的强大武器。飞禽走兽、鱼

长山遗址 2017 年度发掘区全景

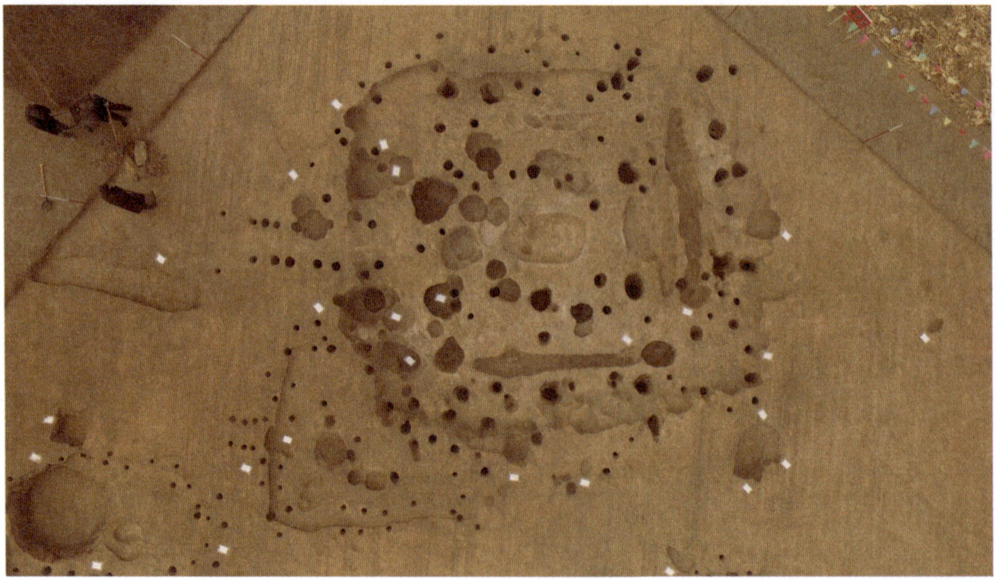

长山遗址房址 F001 航拍照片

蚌虾蟹，很自然地成为人们的囊中之物。我们发现有些动物的骨骼一端被磨得非常尖，被做成骨锥；还有一些动物的骨骼被磨得特别细，尾部还带有小孔，被做成骨针。当时人们可能已经开始进行缝纫这种活动了，能简单地缝制兽皮。

不仅是工具，碳化的种子也在发掘中出土，这是一个令人兴奋的发现，说明当时应该已经有了原始的农业，石磨盘、石磨棒等的出土也为这一推断提供了佐证。

种种迹象表明，长山先民过着定居农耕，兼有渔猎的生活。这一时期，东辽河水源充足，资源丰富，在绵延几十里的东辽河畔，人们安居乐业，富庶祥和。食物和生产资料的富足，印刻了远古先民关于生存与繁衍的记忆。文化或许就是在这种怡然的环境中悄然诞生。

诞生于西辽河流域的红山文化是中国北方地区新石器时代的代表性文化，主体年代为距今约 5500 年，其以辽河支流西拉木伦河、老哈河、大凌河为中心，分布于辽宁西部及内蒙古东部地区，是与中原仰韶文化同时期的中国已知的早期文明之一。

长山遗址房址 F001 内发现的灶址之一

长山遗址出土骨针

相对应地，地处东辽河流域的长山遗址与西流松花江和辉发河紧密相连，这一区域与周邻地区交互影响。在发掘工作中，考古人员也搜寻到了远古先民曾经“远行”的证据。

我们发现了很多动物遗存。按理说，靠近东辽河，发现有水生动物或陆生动物，都是很正常的，但是我们发现了不同寻常的动物。比如，我们在房址 F001 里面发现了非常庞大的熊的牙齿。这个种类的熊本不应该出现在东辽河流域，但我们发现了这种熊的牙齿，就能说明一些问题。或许在五六千年前，那个时候的远古先民们已经和外界有了非常频繁的接触，做了一些类似于贸易、交换等的交流。那这些交流仅仅是物品的交流，还是与文化有关的交流？我们可以想象，新石器时代的远古旅行者的足迹是不是从现在的远东地区、外贝加尔一直能够到达东辽河，会不会有这样的一条迁徙的路线，或者是贸易的路线，或者是文化传播的路线？这给了我们很多启示，也让我们产生了更多疑问。我们今后的工作，会在东辽河继续去寻找这些文化的源流，也就是说它们从哪儿来，又向哪儿去。除了在房址 F001 发现了熊的牙齿，在其他灰沟中，考古人员还发现了一个罕见的动物骨架，这是一只保存完整的西伯利亚鼹鼠。这些动物遗存的发现，都在向人们证明，身处东辽河流域的远古先民可能与外界有着意想不到的密切交流。同样，他们的文化也与周邻地区在不断的交流中相互影响。

长山遗址清理西伯利亚鼹鼠骨架

长山遗址出土的陶塑人像

艺术就是这种交流的最好产物。

房址 F001 出土的一件陶支架非常精巧，整个塑形是非常古朴的一个人的面部形态，虽然残损了，但眼睛、鼻子、嘴都清晰可辨，在嘴的位置刚好有一个穿孔。发掘时我们没有把它拼出来，是后来在整理的时候拼出来的。拼出来的时候，负责发掘的那个考古人员兴奋得几乎彻夜未眠。

那个时候的人类应该已经有了审美和对美的追求。试想一下，跟它同期的辽西地区有很多非常精美的艺术品，那么没有理由离它们非常近的东辽河地区就没有这样的东西出现。比如说陶支架，本来是一个以实用为主的器具，当然是在这个实用为主的器具上塑了这种人像，就兼具了美感。这说明当时的人对于美、对于艺术已经有了一定的追求。或许是因为他们有了闲暇的时间和富足的资源，能够使他们有条件去追求这些东西。

通过与其他新石器时代遗存进行对比，人像陶支架和辽西地区的红山文化、吉林地区的左家山文化等发现的遗存都非常接近。

长山遗址所处的东辽河流域位于辽西与辽东两大考古学文化区的交界地带，这里的古文化从新石器时代起就与周邻地区开始了相互吸收、相互影响的过程，青铜时代更是受到了来自多方文化的影响，该遗址的发掘为深入研究东辽河流域文化格局以及与周邻文化区域之间的碰撞与交流提供了重要资料。

日升月落，秋收冬藏。

在东辽河河畔，新石器时代的远祖留下了璀璨的历史记忆。

光阴荏苒，流淌千年。

在碧波荡漾的长河中，在静谧安宁的岁月里，神秘的远古文明散发着熠熠生辉的曙光。

长山遗址出
土的彩陶片

长山遗址出
土的陶支架

瀚海渔场

盛夏七月，走进吉林省西部，雁翔鹤舞，百鸟飞鸣，这里也迎来了一年中最迷人的季节。

月亮泡素有“关东天然大渔场”之美誉，自古便是渔猎文化的发祥和地和滋养地。在漫长的历史进程中，先民在此繁衍生息，留下了丰富的历史遗存，创造了灿烂的文化。

汉书遗址就位于大安市月亮泡镇汉书村以北 1000 米，月亮泡水库南岸台地上。这里地处松嫩平原腹地，科尔沁草原的东端，洮儿河流经月亮泡，并由此汇入嫩江。汉书遗址处于洮儿河与嫩江交汇处，向西距

汉书遗址发掘现场

白城市区 90 千米，向东南距大安市区 37 千米。肥沃的科尔沁草原，美丽的湖畔边，这里曾孕育了怎样的文化？古代先民在这片土地上是如何繁衍生息？他们曾过着怎样的生活？考古发掘为我们揭开历史的谜团。

迄今，对汉书遗址共进行过两次考古发掘。1974 年，吉林省文物工作队、吉林大学历史系联合考古队对汉书遗址进行了首次考古发掘，发掘面积约 700 平方米。2001 年，吉林省文物考古研究所对汉书遗址进行了第二次考古发掘，发掘面积约 2000 平方米。 同年，汉书遗址被国务院公布为第五批全国重点文物保护单位。

沿大安市月亮泡镇汉书村一路向北，便来到了月亮泡南岸，一处隆起的小土岗呈现在眼前。受洪水冲刷，土岗西、北两侧自然形成了高约 10 米的陡峭断崖，崖下是宽阔的湖面，崖上是一望无际的农田。1960 年全国第一次文物普查时，在土岗的地表采集到大量陶片，并确定这里为一处青铜时期的遗址。

1974 年 5 月至 7 月，时任吉林大学历史系主任的张忠培先生带领吉林省文物工作队业务人员和吉林大学历史系考古专业师生，对汉书遗址进行了小规模发掘，发现了房址、窖穴、墓葬等遗迹，出土了陶器、铜器、铁器、石器、骨器、青铜陶范等遗物。判定遗存属于两种不同时期的文化，称为汉书一期文化和汉书二期文化。汉书一期文化已进入青铜时代，其年代相当于西周时期。汉书二期文化的年代相当于战国至西汉时期。最有代表性的是一处房址，这处房址保存有 12 个柱洞，居住面的大部分地方发现炭屑一层，室内出土了 20 多件完整的和可复原的陶器，还有炭化的粮食粒和鱼骨等遗存。而且紧靠房址西墙有一处比较深的窖穴，剖面呈袋状，周壁和底部被修造得十分平整，应该是房屋的附属设施，可能是用于存放粮食作物或者是生活用品。

丰富的遗存给人们留下了无尽的想象，这里因此获得了吉林省“露天博物馆”和“地下文物仓库”的美称。可是由于当年的考古发掘技术有限，同时为了减少对遗址的破坏，在获取了汉书遗址的基本信息之后，考古队结束了第一次考古发掘，而这也为汉书遗址增添了更多的神秘感。

时间在酝酿一场巨变，为了更科学地揭示汉书遗址的古代遗存和文化内涵，实施更有效的遗址保护，2001 年夏，吉林省文物考古研究所的考古人员来到汉书遗址，要对这里进行第二次发掘。

一切准备就绪，考古队员们跃跃欲试，他们深知，脚下的土层中埋藏着历史的真相。然而，工作还未全面展开，一个难题就摆在了眼前。汉书遗址地处中纬度、东北中温带半干旱区，夏季炎热少雨，土壤又呈碱性，干旱时地层十分坚硬，这无疑给发掘工作增加了难度。烈日暴晒下的考古队员们汗流浃背，坚硬的地层使大家手上都磨得起了泡，但发掘进度却推进得很慢，考古队员们的心情就如这炎炎夏日般焦灼。不过大家心里对历史真相的敬畏与渴望也如这炎炎夏日般热烈，工作的热情不减反增，只要那股劲儿不松懈，办法总比困难多。考古队想出了办法，用水桶在江中取水，将水慢慢倾倒在探方里，均匀浸湿地层，保证土质、土色能够清晰地显现出来，然后再按照田野考古工作规程进行发掘，把考古工作一点点向前稳步推进。最终通过考古队员们的努力与辛苦付出，把汉书遗址的文化内涵更完整、更科学地展露在世人面前。

2001 年度汉书遗址的发掘共发现四个时期的古文化遗存，见有房址、灰坑、窖穴等多种遗迹，出土遗物资料丰富，其中陶器数量最多，骨器亦不在少数。通过发掘与研究，明确了汉书遗址包含“小拉哈文化”“古城文化”“白金宝文化”和“汉书文化”四种具有时序演进和谱系关系的夏至西汉早期考古学文化。

这四种考古学文化中，年代最早的是小拉哈文化，距今有 4000 多年的历史，它相当于中原的夏到早商时期。在小拉哈文化之后的是古城文化，它和白金宝文化距今大概都有 3000 年的历史，但是古城文化偏早一些，相当于商代的晚期。之后的白金宝文化大概相当于中原的西周到春秋时期。最晚的是汉书文化，通过碳十四数据和树轮校正数据，我们可以大概判断汉书文化距今 2000 多年，大致相当于战国到西汉时期。

小拉哈遗址位于黑龙江省肇源县，是小拉哈文化的命名遗址，与汉书遗址仅有一江之隔。小拉哈文化的特征非常明显，一种磨光黑陶盂在小拉哈文化当中为大宗，这种陶器腹部圆润并呈现出垂腹的特征，而且底部很有特点，为薄薄的圈足底，在圈足的底部还有一些刻划的符号，这些刻划符号是小拉哈文化陶器区别于其他文化最明显的特征。

在汉书遗址的第一期文化层中，遍布着小拉哈文化的陶器残片。也许在4000年前，隔江而望的两地居民就已经有了频繁的文化交流，又或者小哈拉文化在汉书遗址也曾扎根发芽，留给后世深厚的文化积淀。无论是陶器的制作方法还是纹饰图案，都具有独特之处。

陶鬲是典型的炊器，主要由三个袋足构成，看似普通，却充满了智慧。袋足即为袋状空足，水可以直接注入其中，足下生火，即可烹煮食物。为了让鬲的容积尽可能大，袋足会制作得特别圆鼓。有的袋足下面还有一段圆锥形实足跟，

汉书遗址第二期陶鬲

汉书遗址第三期陶鬲

汉书遗址第四期陶鬲

可以避免底部被磨损漏水，同时还能抬高陶鬲的高度，让下面的火燃烧得更好。在古代中国的炊器发展史上，陶鬲的兴起，具有里程碑的意义。而小拉哈文化、古城文化、白金宝文化、汉书文化这四种文化之间具有一定的承继关系，就体现在陶鬲上面。

汉书遗址第二期文化遗存出现了高领、深腹、高实足跟陶鬲，是区别于其他遗存的重要特征，与黑龙江省古城遗址出土的陶鬲几乎相同。该期遗存的考古学文化面貌自成一体，故将其命名为“古城文化”。

除了陶鬲之外，还有其他比较有特色的单耳杯和陶钵，以及陶壶，这是古城文化陶器类型的组合方式。此外，古城文化还在

汉书遗址第二期陶钵

陶器纹饰上体现出文化特征，主要是在陶钵、陶杯或者陶壶的口沿部位施以成体系、成规律的几何状纹饰。这样的几何状纹饰与之后白金宝文化当中的几何纹饰具有一定的关联性。但是它们之间又有区别：古城文化的几何形纹饰是有规律性的连串分布，主要是以较浅的篦点纹为基础，白金宝文化则是以较粗、较深的篦点纹为基础。

与小拉哈遗址一样，位于黑龙江省肇源县的白金宝遗址，也是白金宝文化的命名遗址。时间上的转变，让古代先民的生活器具得以升级，生活上的富足也逐渐酝酿出人们对艺术的美好追求。白金宝文化的陶器纹饰特征更加明显，在平底筒形罐上，或者是在陶钵上，都饰有大面积几何形篦点纹，图案繁缛，结构严谨。这种纹饰的形成，实际上可以从它之前的文化当中找到渊源。

如前所述，在古城文化当中能找到类似的纹饰，但是它们之间又有不同，亦如不同考古学文化之间既有相似和继承关系，又有本质上的区别。

汉书遗址第三期遗存，即白金宝文化遗存中，一种几何纹平底筒形陶罐更加吸引人的眼球。这种纹饰打破了二方连续图案的状态，呈现出四方连续的图案从中不难看出这种几何纹图式的发展

汉书遗址第三期筒形罐

汉书遗址第三期筒形罐

汉书遗址红衣陶碗

和变化，也体现出文化的传承和延续。

从白金宝文化发展到汉书文化，大约经历了 1000 年，依然是从遗址出土的陶器中找到的线索。汉书遗址第四期遗存中，陶器出现红衣彩绘的现象，且比较发达，彩绘花纹丰富多样，内外施彩绘的钵、碗尤为突出，部分陶壶颈部亦施红衣彩绘。这样的红衣彩绘构成了汉书文化有别于其他文化的突出特征，中原地区将这种施有红衣彩绘的碗称为红顶碗。汉书文化的这种红顶碗在四季阳光的照射之下，仿佛被笼罩在一层远古文明之光中，神秘而又美丽。如果说陶器纹饰是古城文化的主要代表，红顶碗就是汉书文化的主要代表。

房址在汉书遗址一期到四期中都有发现，主要是在二期和四期遗存中，房址成规模地出现。二期的房址体现出一种半地穴式的建筑风格，四期的房址体现出平地起建的风格。从遗址不同时期的遗存可见，连片房屋、灰坑和一定数量的大型陶器的出现，均表明当时人们已经处于定居模式。

结合两次考古发掘工作，并通过综合研究，我们确认汉书遗址是松嫩平原嫩江下游地区一处规模较大的夏至西汉早期聚落遗址。聚落是人类各种形式的聚居和生活场所的总称。古代先民在这里过着怎样的生活呢？大量生产生活工具的发现，向人们揭示着答案。

骨、角、牙、蚌器，是以动物的骨、角、牙和蚌壳为原料制作的各种生产工具、生活用具、兵器和装饰品等。在汉书遗址出土的骨、角、牙、蚌器中，尤以骨器为主。除骨铲多选用动物的肩胛骨和下颚骨制作外，主要以动物的肢骨为原料。在众多的骨角器中，骨鱼镖是比较突出的器物代表。骨鱼镖通体磨制比较精美。镖身为圆柱形，镖尖呈三棱状，顶尖锐利，镖尾呈长方形，上面有系绳用的凹槽。除了骨鱼镖，在汉书遗址中出土的和捕鱼相关的器物，还有骨捕鱼器、骨鱼钩、陶制网坠等。它们的功能和形态多种多样，能够直接反映出汉书遗址的先民在青铜时代就已经拥有了比较发达的渔业经济模式。在大安汉书遗址出土的骨器当中，还发现了一定规模的骨镞，这些骨镞是跟狩猎活动有关的。综合来看，通过生产工具的类别、数量及器物组合等信息，能够推测出大安汉书遗址是以渔猎经济为主、兼营农业的一种定居式的生活模式。这样的生活模式也是嫩江流域非常具有代表性的一种生活模式，体现了东北地区青铜时代很重要的一个面貌和特征。

汉书遗址骨鱼镖

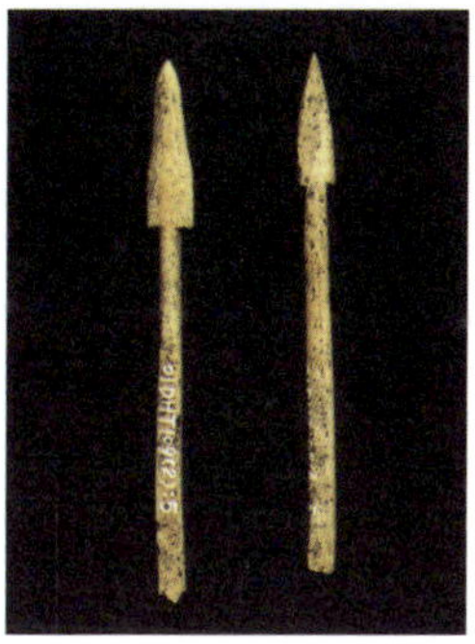

汉书遗址骨镞

大安汉书遗址位于松嫩平原的嫩江下游地区，地处汉代以前东北文化区东西交汇之处，亦是辽西山地与松嫩平原北部文化传播与交融的桥梁和纽带。汉书遗址的考古发掘，对研究松嫩平原乃至整个东北地区的时空框架、谱系关系及动态演化格局等问题均具有重要意义。汉书遗址各个时段考古学文化分期的细化和突破，成为架构和完善嫩江流域夏至西汉早期考古学文化年代标尺的关键性要素。汉书遗址是松嫩平原乃至东北地区夏至西汉早期重要的大型聚落遗址，其以渔猎经济为主兼营农业的定居模式，为嫩江流域夏至西汉早期古代居民生业方式和居住模式的复原研究提供了充分的证据。

据研究，在距今 4000 年左右，中国经历了一个重大自然灾害频发的时期。先民为了躲避灾难，纷纷迁徙，寻找新的生存空间，从此，历史翻开了崭新的一页。大约就在那个年代，嫩江流域的一支部落为了躲避滔滔洪水，长途跋涉，终于来到了这个江畔向阳的小土岗。自此，先民们建造房屋，制作陶器和工具，狩猎捕鱼，定居生活，在这片水草丰美的土地上繁衍生息。

青铜汇聚

地处吉林、内蒙古、辽宁三省交界处的吉林省双辽市，占据着“鸡鸣闻三省”的地理要地。这里历史悠久，早在远古时期，就有人类频繁活动，繁衍生息，曾留下“禹平水土置九州”的史话。东辽河蜿蜒曲折，自东向西流经此地，古代先民曾在河畔建造栖息之所，留下了丰富的文化遗存。

为研究这些遗存的文化类型、编年序列、谱系关系，20 世纪 50 年代，考古人员就曾在双辽市周边进行过考古调查，80 年代第二次全国文物普查期间，人们发现这一区域文化类型丰富多样。

2006 年，双辽市郑家屯博物馆内，一场考古成果展正在进行。十里八乡的群众会聚于此，通过眼前这些器物，与古人类进行跨越时空的对话。参观人群中，一位中年男子对其中两件陶器反复观摩，并透露了一个令人倍感意外的消息。他是后太平村的一位老师，他当年教过历史，他们村里出土过一样的陶器，这些陶器在双辽市后太平村北部的沙坨子中被发现，这里正好处于东辽河右岸二级台地的位置。

2007 年 2 月，文物管理人员见到了后太平村出土的 12 件陶器，包括筒形罐、多耳罐、单耳杯等。众多器物中，一件形制特殊的陶器，成为人们关注的焦点，它由器足和器身两部分组成，器足为三足，器身形似陶壶，在北方出土的陶器中，这样的形制尚属鲜见，考古人员将其命名为壶形鼎。据陶器发现者介绍，在后太平村，这样的器物，一般是在

后太平遗址壶形鼎（征集品）

后太平遗址壶形鼎（征集品）

后太平遗址筒形罐（征集品）

后太平遗址发掘区全景（西—东）

后太平墓地发掘区全景（北—南）

耕作过程中被发现，村民捡回家中，用作生活器具，而且不只有眼前这几件。文物管理人员意识到，这些陶器背后，很可能存在着丰富的历史遗存，他们当即决定，到陶器的发现地——后太平村，一探究竟。文物管理人员在后太平村展开了现场文物征集，当天就征集了 20 多件陶器，都是完整器，还有青铜镞和石器等。

后太平村发现的陶器提供了非常重要的线索，2007 年 3 月，考古人员展开了系统的考古调查工作。此次工作复查并确认了七棵树遗址、盘山遗址、后太平遗址、黄土坑遗址等十余处青铜时代遗址和青铜时代墓地，处于科尔沁沙地东缘，东、西辽河沿岸冲积平原边缘的二级台地之上，大致呈东北—西南走向，沿东、西辽河交汇处呈弯月形分布，绵延近 40 公里。由于在这些遗址中采集到的遗物显示出相同或相似的特征，考古人员初步将其确认为一处具有相同文化因素的遗址群，并以处于其中心位置、遗存丰富且典型的后太平遗址所在地后太平村命名，称作“后太平遗址群”。

受自然和人为因素影响，遗址群的后太平遗址和后太平墓地被破坏得较为严重。2007 年 4 月至 11 月，吉林省文物考古研究等单位对后太平遗址、后太平墓地进行抢救性发掘，发掘面积1500平方米，清理墓葬37座、灰坑 21个、房址 4个、灰沟13条，出土陶器、青铜器、骨器、玉石器等各类遗物1500余件。发掘确认后太平遗址群包括六个时期的文化遗存。第一期是新石器时代晚期；第二期是晚商时期；第三期是西周晚期至春秋时期；第四期是春秋战国时期；第五期是汉代；第六期是辽金时期。但整个遗址群的文化面貌以商至战国，即青铜时代遗存为主。

后太平墓地 M2

一件件器物相继出土，一座座古墓重见天日，无论是大小形制，还是排布走向，都给人们以无限遐想，古代先民丰富的丧葬图景，逐渐揭开。

后太平墓地墓葬分布密集，多数墓葬墓口方向较为一致，为西南—东北向，与东辽河走势基本平行，共 32 座，另 5 座为东西向或西北—东南向。墓葬均为竖穴土坑基，墓口呈圆角长方形，墓壁斜直，平底，个别墓内有生土二层台。墓深多为 80 ~ 130 厘米，有 21 座，占总数的 56.8%，深于 130 厘米的有 3 座，另有少数墓葬深度甚浅，仅 20 厘米左右。埋葬习俗以多人葬为主，共 27 座，占总数的 73%，其中 4 座为骨架规整的合葬，葬式多为仰身直肢，少数为侧身屈肢，骨架层层叠压，头向相反，有南有北，23 座为二次扰乱葬或迁葬，骨架虽已零乱，但从部分墓内未移位的颅骨可以判断多数多人葬的墓内人骨也是分南北两端埋葬；单人葬数量较少，仅有 10 座，占总数的 27%，墓室相对较小，其中 2 座为一次葬，葬式均为仰身直肢，8 座为二次葬，骨骼摆放零乱无序。除 1 座墓葬外，其余 36 座墓都有随葬品。从质地上可分为石器、陶器、青铜器、骨角器等，随葬石制品的墓葬有 32 座，占总数的 86.5%，随葬陶制品的墓葬有 34 座，占总数的 91.9%，随葬青铜器的墓葬有 25 座，占总数的 67.6%，随葬骨角器的墓葬有 20 座，占总数的 54.1%；从使用功能上可分为生产工具、生活用具、武器和装饰品，随葬生产工具的墓葬有 24 座，占总数的 64.9%，随葬陶容器的墓葬有 34 座，占总数的 91.9%，随葬装饰品的墓葬有 32 座，占总数的 86.5%。

通过统计分析，后太平墓地的葬俗较为复杂。从埋葬人数上看，有单人葬和多人葬之分；从葬式上看，一次葬和二次葬两种情况并存。一次葬多为仰身直肢，多人埋于一墓的情况下往往将死者头向相反的方向埋葬，一些葬式不明的多人合葬墓中出现的陶器分置于墓两端随葬的现象，可说明该墓在被扰动前应当也是将同处一墓的多位死者头向相反的方向埋葬。二次葬的数量占绝大多数，表现形式也不尽相同。二次葬是古代埋葬习俗中常见的情况，其时代和地域跨度大，且表现形式多样。

后太平墓地 M9

后太平墓地 M13

传统意义上的二次葬多指迁入葬，是一种很严肃的埋葬方式，人骨相对集中，也有一定的摆放姿势，在葬式方面，它们和一次葬者没有本质上的区别。随着考古发掘工作的大量开展，学术界所获知的墓葬材料日渐丰富，葬式形态的多样化及各地葬俗地方性特征的差异也使得“二次葬”这一概念更加统泛，可概指一切具有二次埋葬行为的葬式。该墓地的“二次葬”概念是后者，即广义的二次葬。所发掘的 37 座墓葬中，二次葬墓葬 31 座，占总数的 83.8%。由统计情况来看，在后太平遗址，二次葬是极为盛行的埋葬方式，死者大都须经历二次埋葬的洗礼。而这种二次埋葬以合葬的方式居多，一合葬墓内人骨个体有男有女，年龄跨度常常也比较大，推测是以家庭为单位的合葬，即在同一家庭成员死亡并分别埋葬若干时间后将他们迁出原墓坑，共同埋入新的墓坑之内，或是该家庭有重要人物死亡，下葬时将与之同一宗室并已死亡的其他家庭成员迁至其墓中与之“团聚”，发掘区中为数不多的几座一次葬墓葬也多数是年龄不等的多人合葬的情况。仅有的两座单人一次葬墓口方向与其他大多数墓葬有所不同，或许是由些许目前无法知晓的原因和特殊情况造成。特别之处在于，该遗址密集的墓葬中一次葬和二次葬混杂分布，排列无规律，说明死者的迁出墓葬与迁入墓葬处于同一墓区之内，没有区域上的划分，而一件陶器残部分别出土于两座墓葬之内的情况，应当是迁葬所致，这也证明迁出墓葬与迁入墓葬地点相去不远，说明该墓地的使用相对随意，没有严格的家庭墓域划分。

深埋于泥土之下的墓葬是古代先人的魂归之处，更是丧葬文化的直观展现，经过考古发掘，不断获取墓葬信息，使世人对这一地区的社会发展及古人的生存方式逐渐了解。

他们有何种文化？因何而生？如何有效地获取资源？如何在恶劣的环境下与大自然抗衡？考古人不放过任何一个细节，试图在墓主人的随葬品中找寻答案。随着研究的不断深入，一幅男猎女织的生活图景逐渐清晰。

对这一地区社会发展阶段的特点，主要通过墓葬方面的资料，并结合当时社会生产力发展水平及产业结构等方面的情况来进行认识。

后太平墓地的墓葬以多人合葬为主，其中多数为二次葬，墓葬规模不等，排列亦无明显秩序，埋葬人数也较为悬殊，发掘的 37 座墓葬中，出土随葬品的墓葬共 36 座，结合墓葬平面分布情况和埋葬人数、随葬品的种类及数量来看，并无明显的等级区别。二次葬和不同性别、不同年龄段的多人合葬现象，体现了当时以家族为单位合葬的丧葬习俗。

在该遗址发掘出土的动物遗存数量和种类都极为丰富，仅墓葬出土动物骨骼的就有 24 座，占发掘的墓葬总数的 64.9%，可见动物在当时人们的生活中扮演着十分重要甚至是必不可少的角色。马、鼬、兔、狐等典型的草原动物，结合马鹿、狍、雉等林栖动物的发现，反映了这一地区当时为典型的疏林草原环境，气候偏于干燥寒冷。受地理环境、气候制约，以及周边多种经济形态的影响，其生业模式具有多样性的特点。从墓葬内出土的动物骨骼中绝大多数为野生动物来看，当时的经济形态中狩猎业占相当比重，出土的各种工具类遗物中，与渔猎有关的也占绝对多数，如墓葬共出土各类工具类随葬品 148 件，其中与渔猎等有关的工具及武器多达 110 件，约占总数的 74.3%。此外，大量家养动物的出现说明畜牧业已有所发展，其中，家猪的出现反映出当时人们已过上了定居的生活，农业有了一定的发展。但此次发掘几乎没有发现专用于农业生产的工具，推测当时的农业还处于相对滞后的阶段，亦可能与东辽河下游沿岸多为半固定沙丘，气候偏干寒冷，不利于农业发展有关。

狩猎及畜养活动不仅为当时的人们带来了可观的肉食资源，也为人们提供了大量用于制作各类生产、生活工具的原材料。在后太平遗址发掘出土的大量骨角器及其半成品，均为就地取材，无论数量和种类都相当丰富，发达的骨角器弥补了青铜器欠缺、石材匮乏的不足，但从同类器形制上存在较大差异的情况看，这些骨角器的制作随意性较强，并非出自专业手工作坊的批量生产，而更像是以家庭为单位的自给自足。

青铜器的铸造和使用是生产力发展的重要体现，但后太平遗址出土的青铜器均为小型器，未见大型的青铜礼器、工具和武器等，可见当时的冶铸业并不十分发达。从出土的用于铸造青铜镞、环、渔钩等的陶范来看，这些青铜器应为本地铸造，铸范大多出自同一座墓葬中，反映出当时可能出现了以家庭为单位的小型铜器冶炼和铸造作坊。遗憾的是，

后太平遗址出土的骨镞

后太平遗址出土的角镞

后太平遗址出土的蚌刀

后太平遗址出土的角甲片

后太平遗址出土的角锥

后太平遗址出土的陶范

后太平墓地出土的铜镞

目前尚未发现青铜冶铸方面的遗迹。所见青铜器均出自墓葬区，作为逝者的随葬之物，居住区内并未发现青铜器，可见青铜制品在当时人们的生活中极为珍贵，即使破损也不会随意丢弃。

纺织业也有一定的发展，从出土数量不菲、形制各异的陶质、骨角质纺轮来看，以家庭为单位的纺织生产比较普通，从出土的青铜装饰品上残留的纺织物痕迹来看，可能是以麻为原料，经络及纹理均较粗。

后太平遗址中清理的青铜时代房址内出土的陶器等与墓葬中的随葬品相同，这也说明墓葬中随葬的器物均为实用器。后太平遗址出土的陶器制作手法成熟，陶器形制及纹饰风格比较统一，以此推测当时可能已经有专门的制作陶器的工匠，即制陶业已成为一门独立的行业。墓葬中随葬品的分量及丰富程度往往体现在随葬陶器的数量上，说明陶器在当时人们的生活中占有相当重要的地位，而出土的陶器中多带有锔孔，反映了陶器制作在规模上还不是很大，生产出的陶器数量不多，供不应求，因而，即便是破碎了的陶器也不会被人们舍弃，而是修补后继续使用。

陶器是最具文化特征的遗物，后太平遗址中，不乏这样的典型器物。束颈壶，质地为砂质黄褐陶，器表磨光，饰压印篦点几何纹，主体纹饰为勾连纹、波折纹和变形鹿纹，壶口沿为内侧斜抹尖唇，颈部较长。壶形鼎，质地为夹砂红褐陶，器表磨光，素面或饰之字雷纹，这是一种新发现的器形，在其他地区和考古学文化中未曾出现。单耳杯，为砂质陶，素面，器表磨光，口沿处有一竖向环耳。多耳罐，为夹砂红褐陶，素面，器表磨光，施红陶衣。从器形和纹饰上看，这些陶

后太平遗址 G8 出土的陶器

后太平墓地 M6 出土的陶器

器均为青铜时代晚期的遗物，具有嫩江下游地区的白金宝文化特征，同时也有辽河流域文化的因素，又有自身特色，还有多样性化的形制。这足以反映出，以后太平遗址为核心的后太平遗址群是一个包含多种考古学文化因素的遗存。

后太平遗址群受东辽河下游特殊的地理位置的影响，成为多种青铜时代考古学文化相互交流和碰撞的地区。后太平遗址群的文化内涵中，受到嫩江下游的白金宝文化，第二松花江流域的西团山文化、宝山文化，西辽河流域的夏家店上层文化及下辽河流域青铜时代的马城子文化、高台山文化、双房文化等多种考古学文化的影响。后太平遗址群中具有本地考古学文化因素的陶器组合在东辽河下游一带普遍发现，形成了不同于周边任何一种考古学文化的新的文化类型。

东辽河水日夜奔流，一路西下，滋养着两岸的万千生灵，也给人们送来了生活必需的给养，古代先民在这里捕渔、狩猎，繁衍生息，2000 年后，我们在历史的积淀中，向土层深处探寻，试图解开古代先人的生存密码。后太平遗址群的发现，不仅为吉林省西部、辽宁省北部、内蒙古东部青铜时代文化的研究树立了学术标尺，也为研究东北地区及内蒙古东部青铜时代文化遗存的社会形态、不同区域文化交流提供了极为重要的依据，为确立东北地区青铜时代文化新格局起到了极大的推动作用。2013 年，后太平遗址群被国务院公布为第七批全国重点文物保护单位。

山风起始，云海茫茫。一草一木都是历史的见证；一尘一土都是文化的使者。后太平遗址群卓立于天地之间，徜徉在东辽河畔，阅尽时代兴衰，用深厚的历史沉淀闪耀着青铜时代的光辉。

后太平墓地 M15 出土的陶器

后太平墓地 M36 出土的陶器

平原聚落

2018 年 4 月，冰雪尚未完全消融，但春的生机早已浸润大地。吉林省农安县境内，松花江支流饮马河与伊通河交汇处附近，一支考古工作队的到来，打破了这里的宁静。这原本是一次寻常的考古调查，可当考古人员行进至农安县小城子乡小城子村东北部时，被眼前散落的陶片叫停了脚步，这些陶片散落在台地上，与现代建筑材料明显不同。

它们为何会散落于此？专家们当即在周边进行了更仔细的排查，让人倍感意外的是，随着排查工作的开展，这样的陶片越来越多。在台地附近的村路旁，考古人员发现了大量辽金时期的泥质灰陶和白瓷片，在

台地中心位置，青铜时代的陶片吸引了人们的目光，大量陶片饰有划纹、篦齿纹、绳纹等纹样，现场所有人意识到，这里，很可能是一处古代遗址。

除了陶器残片，考古工作队还发现有骨器、石器，如石磨盘、石磨棒，甚至在地表采集到了可以修复完整的陶器，并在考古勘探过程中发现了一件形似纽扣、指尖大小的铜器，经专家们仔细辨别，原来是一枚古代衣物上的装饰物——铜泡。铜泡比较小，呈椭圆形，长径只有 2 厘米，鎏金，背面中空，有两个横梁，与现代衣服上的纽扣相似，后面的两个横梁用于缝制在衣物上，在吉林省以及其他很多地方都有发现，有的甚至是从墓葬里出土的。

由于遗址所在位置被当地群众称为“围子里”，因此，这处遗址被命名为“围子里遗址。”

围子里遗址被发现的时候，地表采集的遗物比较多，代表遗址分布范围比较广，地下遗物可能相对丰富。通过调查获得的地表采集遗物，可以认定围子里遗址为青铜时代遗址。通过勘探，确认了遗址的地层堆积、文化堆积比较丰富。在调查勘探的基础上，考古工作者认为围子里遗址是比较有代表性的青铜时代遗址，对了解该区域的考古学文化性质有很大的帮助。

围子里遗址全景航拍

为确认遗址的分布范围和堆积情况，2019 年，考古工作队对这里进行了初步勘探，2020 年，又进行了详细勘探。经过连续两年的勘探调查，考古人员确定，西流松花江南岸的二级台地上，几乎整片岗地都是围子里遗址的范围，覆盖面积超过了 10 万平方米。在青铜时代，这个面积的遗址是比较大的，以往发现的青铜时代遗址有的只有几千平方米，或者是两三万平方米，能达到 10 万平方米规模的遗址是比较罕见的。

围子里遗址 2019 年考古发掘区

2019 年发掘工作正式开始

围子里遗址保存情况如何？里面记录了哪些早期人们活动的信息？为揭开隐藏于遗址深处的秘密，2019 年，经国家文物局批准，由吉林省文物考古研究所、长春博物馆、农安县文物管理所的专业人员共同组成的考古工作队正式进入围子里遗址，首次开展主动性考古发掘，发掘面积 620 平方米。

围子里遗址的发掘，采用的是平面和探方发掘相结合的办法，目的是对同层位的遗迹有一个整体认识。围子里遗址地层堆积共分为两层，一层是表土层，也就是现代耕地，出土遗物以陶片居多，其中包含青铜时代的夹砂红褐陶、黄褐陶，辽金时代的泥质灰陶、布纹瓦残片，以及少量近现代瓷片；二层为文化层，出土遗物以陶片最多，还有少量动物骨骼、动物牙齿、蚌壳、鱼骨等。陶片质地以夹粗砂陶为主，夹细砂陶次之，偶尔能发现红衣陶和泥质陶，陶色主要是红褐陶、灰褐陶、少量黄褐色的黑陶。发掘过程中，考古人员对出土的易碎、易朽、易锈等类遗存采用现场封护、搭建防护棚、整体切割等保护措施进行保护。

地层堆积代表了这个遗址不同年代形成的堆积情况，每一层堆积的包含物的不同，可能代表不同的考古学文化，或者是同一支考古学文化的不同的发展阶段。围子里的地层堆积相对比较简单，平均的堆积厚度大约是 1 米，深的地方可能达到 1.45 米，个别遗迹可能更深一些。

遗迹丰富遗物多样

围子里遗址出土的遗存相对丰富，大体可以分为两类，一个是遗迹，另一个是遗物。2019 年，共发现遗迹 55 处，都属于青铜时代。其中灰坑 48 处，房址 4 处，墓葬 2 处，灰沟 1 条，柱洞 1 处。其中一层下遗迹 22 处，都是灰坑，零散地分布于整个发掘区内，平面多呈圆形、椭圆形、方形；二层下遗迹 30 处，房址、灰沟、柱洞均开口在这一层，另外还有灰坑 24 处，主要分布在发掘区西侧，平面大多呈现圆形或椭圆形，直壁或斜直壁平底。

根据这些遗迹，专家们对遗址功能进行了初步推断，这里很可能是青铜时代的一个大型聚落址，大约距今 3000 ~ 2000 年，年代在战国到汉朝之间。

随着发掘工作的深入，考古人员在第二文化层下方发现了一处南北走向的弧形灰沟，这个灰沟沟口宽 4.4 米，沟底宽 2.4 米，沟深 1.8 米，沟壁斜直平整，整体呈闭合式、椭圆形，短径 25 米，长径 35 米。从形制上看，明显具有人为加工的痕迹。

这一重要发现让现场人员异常兴奋，人们联想到了战壕，联想到了战争，联想到了“沟”可能具备的所有功能。

据考古人员介绍，灰沟在前期勘探中并没有被发现，在发掘过程中

围子里遗址
环壕局部

围子里遗址出土的陶壶

围子里遗址出土石镞

才发现它是一条围沟环壕。这在以往青铜时代的聚落遗址中不是很常见，以往无论是新石器时代还是青铜时代，发现的环壕多数是对整个聚落进行围合，而围子里遗址的环壕明显不是聚落环壕，很可能是聚落里某一个功能分区。

环壕的发现和确认，对揭示这一地区青铜时代聚落格局和文化面貌提供了重要的考古学材料，对于研究嫩江流域和西流松花江流域青铜时代考古学文化的交流互动提供了全新的考古学材料，有助于吉林省中北部，西团山文化与汉书文化交会区域，青铜时期考古学文化属性的探索和谱系构建。

以往这一区域的考古工作做得比较少。20 世纪 80 年代，考古人员对该区域的田家坨子遗址进行了发掘，发掘面积非常小，仅 50 平方米，所以对这一区域的考古学文化面貌的认识不是很清楚。考古工作者希望通过围子里遗址的调查发掘，揭示这一区域的尤其是青铜时代考古学文化的面貌和文化内涵。同时，在揭示出围子里遗址所代表的考古学面貌内涵的基础上，进一步阐释清楚它和周边考古学文化的关系以及它们的交互影响是怎么形成的。

由于遗址所处位置，大部分为现代农村耕地，受自然和人为影响较小，因此受到破坏的情况不多。虽然后期人类生产生活，如取土、修路等活动，对它造成一定程度的破坏，但根据考古发掘情况来判断，遗址

围子里遗址出土的石斧

的保存情况在同类遗址中属于相对完整的。

遗址出土的遗物数量较多，种类也十分丰富。其中陶器可以分辨出来的器型就有罐、壶、钵、鼎、鬲、豆等多种。其他器类包括铜刀、铁削、石镞、石斧、磨石、卜骨、骨锥，等等。

一幅依水而居、刀耕火种的青铜时期生活画卷逐渐清晰，古代先民的生活面貌跃然眼前。

据专家介绍，卜骨的出土，折射着先人们对生死和自然的敬畏；三足鼎形陶罐的发现，则是先民们真实生活的记录。陶罐下部由三足支撑，左右附有条形耳，陶罐上有纹饰，初步猜测这个陶罐很可能是古人做饭用的器皿。

三足鼎形罐这个器物比较特殊，它由三个比较短小的足支撑，像坛子一样，器身有两个对称的桥状耳，在另一个角度还有两条对称的附加堆纹，这种器型的罐，在围子里遗址是首次发现。以往在周边的遗址，也没有发现相同的器型，有可能是本地的一种特色器物。与它在同一个遗迹里出土的器物都是夹粗砂泥质岩的陶器，主要特征是叠唇台底，这些器物的特征，在以往周边的考古发掘中也少有发现，很可能是带有本地特征的一类器物组合。

对于史前考古学研究或者早期人类历史的考古学研究，考古专家主要依赖于对陶器的判断，因为陶器在制法、质地、形制、纹饰等方面，

围子里遗址出土的卜骨

围子里遗址出土的三足鼎形罐

在不同的人群中会表现不同的特征，通过这些不同特征，可以判断出不同考古学文化间的差异。围子里遗址出土的陶器质地以夹粗砂陶为主，陶色以红褐陶、灰褐陶、黄褐色陶为主。

有的陶器口沿上还饰有花边纹，这种陶器特征在围子里遗址中比较典型。以往有学者认为它是受嫩江流域的汉书文化和分布于吉长地区的西团山文化交互影响，通过目前的发掘成果来看，它可能受嫩江流域的考古学文化因素影响更大一些。

青铜时代的聚落遗址，在吉林省松花江、嫩江流域并不少见，其中以位于吉林市船营区的西团山遗址为代表的西团山文化和大安市汉书遗址为代表的汉书文化为典型。20 世纪 70 年代，在距围子里遗址直线距离 3 公里的地方，考古人员发现了汉书文化和西团山文化交互影响而成的田家坨子遗址。围子里遗址的晚期遗存与田家坨子遗址文化内涵非常接近，所以围子里遗址的发现，可能是田家坨子文化类型的延伸和补充。

在遗址发掘过程中，专家们发现了不少与周邻考古学文化有明显差异的、新的文化遗存，但在已发掘的遗址中占很小比例，并不能因此判断其文化的全貌。放眼发掘现场，每个角落都充满着未知，每次挥铲都寄托着希望。

围子里遗址
2020 年考古
发掘区

围子里遗址
2023 年考古
发掘区

围子里遗址出土的玉器

cm

2020年、2022年、2023年考古发掘工作新收获

为了进一步认识围子里遗址，2020年、2022年、2023年，吉林省文物考古研究所联合长春博物馆、长春师范大学和农安县文物管理所等单位对该遗址又进行了3个年度的考古发掘工作，发掘面积共1556平方米。发掘共计清理遗迹80处，包括房址、灰坑、灰沟、墓葬等，出土陶器、石器、骨器、蚌器、玉器、金属器等400余件。

3个年度的发掘均揭露出带有环壕的聚落功能分区，环壕内分布有同时期的房址、灰坑等生活类遗迹，证明这一时期的聚落规划更趋于科学合理。众多房址内遗留的器物保存了较为完整的生活状态，多层级环壕的发现也为研究聚落形态、布局和村落组织状况提供了宝贵的线索，有助于深化对遗址文化内涵的认识。

通过4年的发掘，可以确认围子里遗址包含五期考古学遗存，分别对应嫩江流域的小拉哈文化、古城文化、白金宝文化、汉书文化以及本地的田家坨子类型。尤其是第一期和第二期考古遗存的发现，填补了西流松花江流域青铜时代夏商时期考古学文化空白。第五期则与距此3公里的田家坨子遗址的文化内涵高度相似，应为进入早期铁器时代后在本地形成的一种主流土著文化遗存。

围子里遗址出土陶罐

结合考古发掘及出土遗物可以看出，这一时期和新石器时代相比，人们依然过着原始的定居生活，生产方式依然是以渔猎经济为主，以采集经济

为辅，但可能出现了原始的农业，改造和利用自然的能力显著增强，人地关系趋于多元化和复杂化，与周边部族的交往更加频繁，这种交往改变了生产关系，提高了生产力，为这一区域古代民族的形成和发展奠定了基础。

总体来看，此次发掘所揭示的文化内涵早期受嫩江流域青铜时代考古学文化影响较深。小拉哈文化时期已有居民在此活动，在古城文化（大体相当于商代晚期）逐步形成具有多层级环壕结构的大型聚落。中后期中南部考古学文化因素注入，白金宝文化时期突破了环壕限制，进入战国两汉时期，与当地文化融合形成了一种独具特色的早期铁器时代的文化类型。这为构建西流松花江流域青铜至早期铁器时代考古学文化编年序列提供了全新的研究材料，为探讨夫余族源的形成提供了可能。

围子里遗址出土的蚌刀

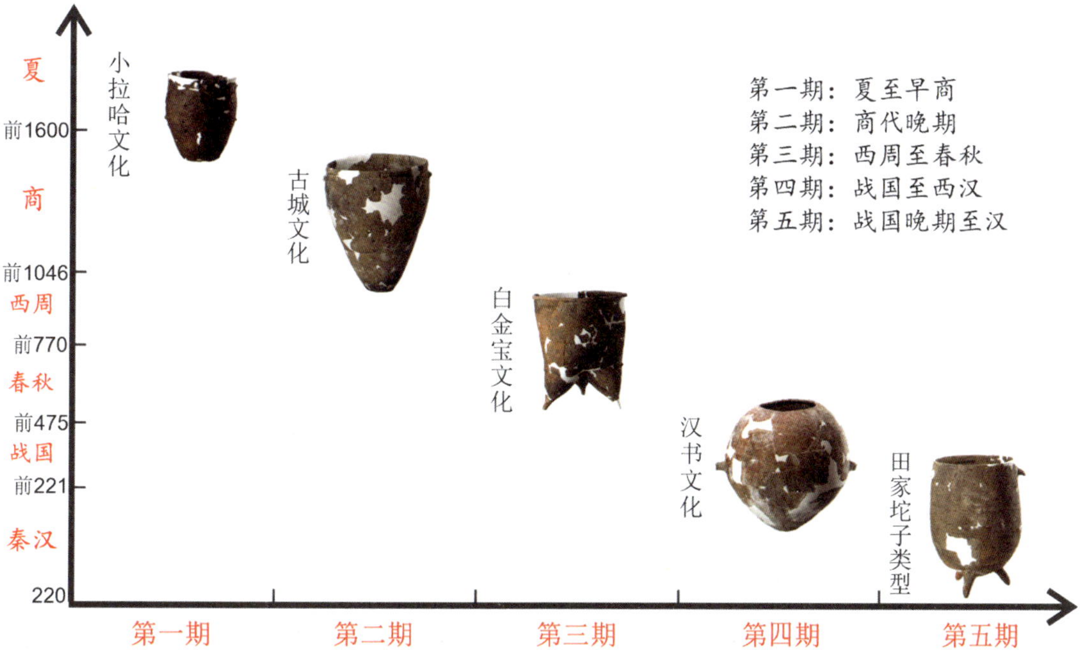

围子里遗址分期示意图

夫余旧城

吉林市位于吉林省中部地区，松花江呈反“S”形穿城而过，这里自古以来就有人类活动。在吉林市松花江东岸，有一座圆形山丘，当地人称之为东团山，与吉林市西南的西团山遥相呼应。清代曾在山上设置城址，《盛京等处战迹图》《盛京通志》中有记载，称为鄂谟城、伊兰茂城或一拉木城。20 世纪 40 年代，东北考古的先驱李文信先生在吉林市做美术教员时，利用业余时间对吉林市周边的古迹展开了调查工作。在吉林市松花江东岸东团山至龙潭山一带发现了大量的古代遗存。在东团山脚下发现了围山的方形土墙，说明东团山可能不只在山上有一座清代城址，山下的平地也有城址。山脚下的平地城到底是什么年代、什么性质的城址呢？文献中没有明确的记载。李文信先生考证其为渤海的涑州城。此后考古工作者分别称这两座城址为东团山遗址山城和平地城，平地城也称为南城子城址。

东团山遗址山城及平地城远景

新中国成立以后，吉林省文物工作队、吉林市博物馆等多家单位对东团山遗址开展了发掘、调查等工作。20世纪80年代，吉林市博物馆对东团山遗址进行测绘，发现东团山遗址平地城并非方形而是一座椭圆形城址。据《三国志》《后汉书》等文献记载，“夫余，北去玄菟郡千里……做城栅皆圆。”文献中所说的玄菟郡是第二次迁徙之后的玄菟郡，郡址大致在沈阳一带，根据汉代的里程计算，向北千里正是吉林省中部地区。结合椭圆形的城址，有学者提出东团山遗址平地城可能是夫余的早期王城。

夫余，既是我国东北地区古代一个少数民族的称谓，也指以夫余人为主体建立的少数民族政权。夫余政权建立于西汉初年，据历史文献记载，夫余国的建立者来自北夷橐离国。建国初期已经形成以养殖为主的畜牧业，较游牧、渔猎有了很大进步，所以夫余国的中央政治机构都是以六畜为官名的，如马加、牛加、猪加、狗加等（加亦同家）。后来，农业种植成为夫余国的重要产业。塞外众多民族长期以来都过着居无定所的游牧、渔猎生活，夫余国首开农耕的先河。正是由于它有平坦的土地、肥沃的土壤、密布的江河水流，农业种植很快使夫余国成为富庶的大粮仓，经济也快速发展起来。随着经济的迅猛发展、国力的不断强盛，夫余国的疆域也不断扩大，南达通化北部，北达东流松花江以南，东至张广才岭，西至长春农安一线，成为塞外最具影响力的强盛之国，在政治上也逐渐占据重要地位。至迟在东汉初期，夫余国已经正式接受东汉政权的册封，正式纳入中央王朝的版图。东汉以后，夫余国力衰弱，屡遭高句丽、鲜卑等周边少数民族政权侵袭，被迫向西迁徙，后被百济所侵，于公元494年降于高句丽。夫余文化的起源包含北部的白金宝文化、南部的宝山文化和中原汉文化等。夫余国是吉林省境内最早受到中原文化影响的少数民族政权。

由于文献记载的地理位置较为模糊，椭圆形城址也不能作为夫余王城的单一指征。那么，东团山遗址平地城到底是不是夫余的王城？

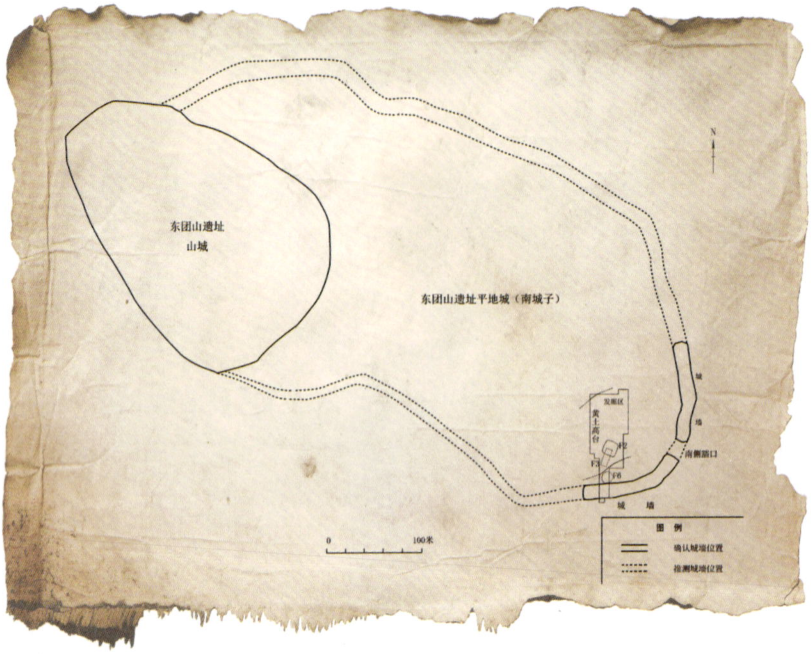

东团山遗址平地城平面图

要搞清东团山遗址平地城的性质，首先要明确城址的年代和布局。为了探明这一问题，吉林省文物考古研究所会同吉林市文物管理处（现吉林市文物保护中心）、吉林市博物馆、吉林市满族博物馆、吉林市文庙博物馆等单位于 2001 年、2002 年、2007 年及 2015 年至 2017 年对东团山遗址及周边展开了系统的考古调查、勘探、测绘及发掘工作。其中，2015 年至 2017 年集中对平地城展开了考古调查、勘探和发掘工作，对城址的布局、城墙结构及城址的始建年代均有了新的认识。

经过多年的考古工作，东团山遗址平地城的布局逐渐清晰。城址平面为椭圆形，整体高出城外地表 2 ~ 3 米，周长 1380 米（不含东团山山体部分），城墙南段及东南段在地表隐约可见，高出城内地表约 0.5 米，经发掘和勘探确认城墙南段及东南段共计 287 米。城墙北部已经完全被现代村庄叠压，城墙及以往报告提及的疑似北城门的豁口，在地表均未见迹象。南侧豁口处经过发掘确认夯土连续，未见城门迹象，应为后期人类活动拆毁城墙形成的豁口。北侧豁口叠压于现代村庄之下，地表未见明显的迹象，未开展勘探和发掘工作，情况不明。

城址南部有一处自然高地，顶部经平整后作为建筑基址，其上发现有磉墩等建筑迹象及砖瓦等建筑构件。磉墩即柱础坑，古代做建筑，要挖坑立柱，坑内填垫沙砾、碎石等，其上放置柱础，础上再立柱。岁月变迁，地上建筑不复存在，但柱础坑多能残存，部分被考古发现。

台基上建筑破坏严重，其中保存最好者为 F3，残存东西两排磉墩。磉墩排列规则，东侧残存 9 个，西侧残存 1 个，两排磉墩间距 3.08 米，东侧一排磉墩间距 1.96 ~ 2.24 米。磉墩上部破坏严重，均只残存埋深部分，残深约 30 厘米。磉墩的具体做法为：先在地面挖出直径 65 ~ 80 厘米左右的圆坑，坑内下部填充沙粒，上部填充细碎的石子。其余建筑均难以辨明整体形制，大多仅残存零散的磉墩（编号 SD11 ~ SD18）。磉墩做法与 F3 磉礅相似，不同的是坑内多填充石块，个别磉墩上可见础石，础石多由石板制成。

城墙墙体可以分为早晚两期。早期墙体在城址内侧起建于古河道之上，下挖河道形成深约 45 厘米的基槽，城址外侧墙体

东团山遗址平地城南城墙剖面图

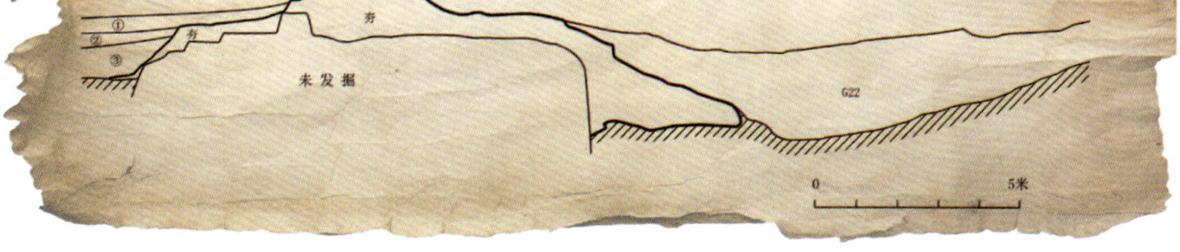

东团山遗址平地城南城墙剖面局部

直接起建于生土之上，未见基槽。墙基宽约 15 ~ 20 米，残高 2 ~ 2.7 米，墙体为黄土分块版筑，夯层清晰，夯土内掺杂白色的黏合剂。晚期墙体为灰土堆垫，系人为将早期墙体与城内高台之间的低地垫平后在原城墙位置有意识垫高而成，并非单独修建的墙体，“墙体”与城内垫土极难区分。

城址内发现遗存可分为三期：西团山文化遗存、夫余遗存和高句丽遗存。其中夫余遗存为主体遗存，其遗迹比较丰富，主要有灰坑、灰沟、房址等。遗物以陶器为主，另有少量铁器及砖、瓦等建筑构件。根据陶质的不同可将陶器分为夹砂陶和泥质陶两类。夹砂陶根据沙粒大小可分为夹粗砂和夹细砂两类，大型陶器多夹粗砂，小型陶器多夹细砂。陶色

东团山遗址出土的花纹砖

以红褐色为主，另有一定数量的黄褐陶、灰褐陶及黑皮陶，多数器物器表颜色斑驳不均。陶器制法均为手制，从部分器物的断茬处可以看出该类器物多采用泥圈套接法，多下圈压上圈。夹砂陶均为素面，部分器物虽然所含沙粒粗大，但器表比较光滑，应为坯体成型后在器表涂抹较细的泥浆而成，部分黑皮陶经磨光处理，通体光亮。可辨器型主要有豆、罐、壶、盆、甑等。器耳多为环状耳，除直接贴塑于口沿下方的小型环耳为竖耳外，其余均为横耳。泥质陶陶质细腻，质地坚硬，烧制时温度较高。陶色有灰黑色、灰色及黄褐色等。纹饰有拍印方格纹、菱形纹等。制法有手制及轮制两种，手制器口沿部分多经轮修。轮制陶器在器表可见轮痕，部分器底可见线割时留下的涡纹。上述两类陶质不同的陶器则是土著文化因素与中原汉文化因素在夫余文化中的体现。

关于东团山遗址平地城的年代，从城墙的解剖入手，可以做如下分析。早期城墙起建于生土之上，夯土内出土极少量夹细砂红褐色陶片，应属西团山文化。由此，城墙的建造年代的上限不早于西团山文化时期。结合遗迹的叠压关系和碳十四测年数据，我们认为将早期城墙建造年代的下限推定

东团山遗址出土的陶豆

东团山遗址出土
的红衣陶罐

在西汉中期前后较为合适。晚期城墙最上层垫土内发现有泥质灰陶篦齿纹陶片，年代应该在魏晋时期，其后未见对城墙的修补痕迹。综合以上分析，我们认为，东团山遗址平地城的主要使用年代应该在西汉至魏晋时期。

关于东团山遗址平地城为夫余国早期王城的观点已多有论述，但仍有分歧。综合以往的研究成果，关于夫余国早期王城的认定标准可以归纳为如下几条：第一，城址的地理位置及建造和使用时间与文献中记载的夫余国早期王城相吻合；第二，城址周边有同时期的高等级墓葬；第三，城址内有高等级的建筑，城址和墓葬中出土有较高等级的遗物；第四，城址周边是同时期的居民集中分布区；第五，城址特征（特别是平面形状）与文献记载相吻合。通过发掘已经可以确认东团山遗址平地城的始建年代不会晚于西汉中期，城址南部的高台上也发现了汉魏时期大型建筑的迹象及高等级的建筑构件，而这些高等级的建筑构件在其他同时期的遗址中是不常见的，这也揭示了该城址的独特性。综上，东团山遗址平地城符合目前提出的夫余早期王城的标准。但是我们也应注意到，上述所谓的判断标准是判断夫余早期王城的必要非充分条件。应该在现有工作的基础上继续开展夫余城址的专项调查和发掘，通过比对排除的方法最终确定夫余早期王城。

夫余国，在历史画卷上留下了浓墨重彩的一笔，一定还有更多的痕迹等待着后来人一次次地去探寻。我们期待能够穿过幽深的岁月长廊，寻找并揭示夫余文化崛起与发展、兴盛与衰败的真相。

东团山遗址出土的陶壶

东团山遗址出土陶甑底
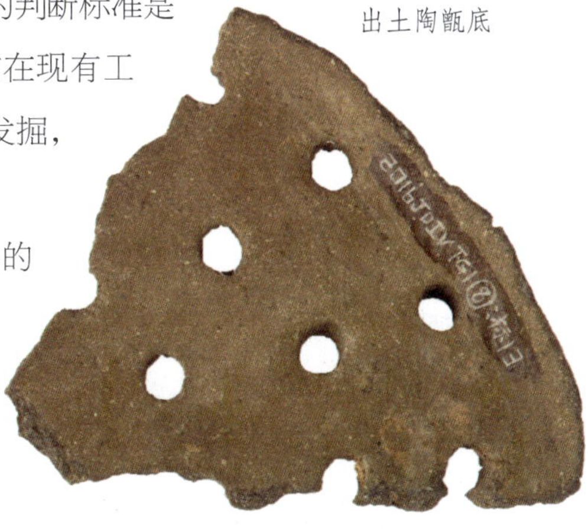

千年古墓

1985年，在吉林市丰满区帽儿山，一支施工队的意外发现，引起了考古专家们的注意。当时，施工队在帽儿山附近修建高压线塔时发现了3座古墓。古代墓葬的发现引起了人们的关注，就在大家为这个墓葬是哪个年代、墓主是谁而困惑时，一连串令人震惊的事情发生了。谁也没有想到，帽儿山上的古墓数量惊人！从1985年发现古墓到1993年，考古人员共发掘了墓葬160余座。经钻探与密度测算，推断帽儿山墓地的所有墓群加起来至少有6000座墓葬。

帽儿山墓地分布在吉林市丰满区江南乡的帽儿山、西山、南山和偏脸山等多处山岭坡地上，总面积约8平方公里，山顶和四坡都有墓葬存在，考古人员推断，帽儿山应为墓地中心。

帽儿山墓地远眺

这些大大小小的墓葬埋葬的究竟是什么人？他们是古代普通民众，还是大有来头？巨大的问号困扰着每位考古人员，也促使考古工作队迫不及待地继续发掘。发掘工作陆续进行，人们发现，各墓区均有较长的、连续使用的年代跨度，各墓区都有不同形式的墓葬相互叠压和打破现象。而帽儿山墓地所处的地理位置将众人的目光推向了神秘的夫余国。

在吉林省中部，长白山区向松嫩平原的过渡地带，一座“四面环山，三面环水”的城市矗立于此。吉林市作为人类在东北较早栖息和开发的重要地区之一，经过长期的历史演变，先后有肃慎、夫余、高句丽、靺鞨、契丹、女真、满族等在这里繁衍生息。其中夫余，于西汉初年建国并定都于此。东汉王充撰著的《论衡·吉验篇》中记有这样的文字：“北夷橐离国王侍婢有娠，王欲杀之。婢对曰：‘有气大如鸡子。从天而下，我故有娠。’后产子，捐于猪溷中，猪以口气嘘之，不死。复徙置马栏中，欲使马借杀之，马复以口气嘘之，不死。王疑以为天子，令其母收取奴畜之，名东明，令牧牛马。东明善射，王恐夺其国也，欲杀之。东明走，南至掩淲水，以弓击水，鱼鳖浮为桥，东明得渡，鱼鳖解散，追兵不得渡。因都王夫余，故北夷有夫余国焉。”这就是夫余国建立的神秘传说。

夫余国为我国东北地区第一个少数民族政权，国力强盛时期疆域南达通化北部，北达东流松花江以南，东至张广才岭，西至长春农安一线，周边的其他少数民族政权多臣服于夫余国。至迟在东汉初年，夫余王正

帽儿山墓地 M9

式接受中央王朝的册封，此后一直接受中原王朝的管辖，与中原地区保持着政治、经济、文化的交流。东汉以后，夫余国力衰弱，屡遭高句丽、鲜卑等周边少数民族政权侵袭，被迫向西迁徙，后被百济所侵，于494年降于高句丽，存续时间近700年。

地理位置的重合让我们把目光转向夫余国，考古的发现与研究，也在逐渐揭开帽儿山墓地神秘的面纱。

帽儿山墓地中既有单人墓，也有双人或三人合葬墓。除了极少数的墓葬没有葬具，其余墓葬均以木椁为葬具，正与文献中夫余“有椁无棺”的记载相吻合。帽儿山墓地墓葬间规模差异巨大，小型墓葬木椁长不足2米，无随葬品或仅有少量随葬生活用器或装饰品。大型墓葬木椁用料

帽儿山墓地 M18

几乎为整棵树干，长度在 4 米以上，随葬品丰富，多达数百件。在夫余国以前的墓葬均采用石质葬具，未见木质葬具，木椁的做法很可能是来自中原的汉文化。

这些墓葬中规模最大、结构最为特殊的要属西山墓区 18 号墓。该墓葬为圆角长方形土坑竖穴墓，直壁微斜，平底。长 7.2 米、宽 3.6 米，墓穴深 2.7 米。墓底铺有厚约 4 厘米的青膏泥。葬具为双重椁。内外椁共用同一底板和东挡板。底板由 8 根圆木纵向平铺而成。内椁壁板立于底板之上，由 4 层圆木叠筑而成，内椁长 3.94 米、宽 1.88 米，存高 1.34 米。外椁呈“U”形包于内椁之外，壁板立于底板之上，侧板紧贴内椁侧板，外椁长 5.32 米、宽 2.16 米，存高 1.43 米。内、外椁侧板均长出挡板，连接处为榫卯结构，挡板嵌于侧板内。盖板由圆木横向平铺而成，搭于外椁室侧板上，现仅东部残存6根圆木，其上铺有8 ~ 12厘米的桦树皮，桦树皮上铺厚约20厘米的青膏泥。内外椁侧板内外均涂抹青膏泥，外椁侧板青膏泥外包裹桦树皮。内椁室内发现一块由木条拼接而成的木板，现已断为两截，推测为尸床。椁下设4根横向垫木，垫木上部嵌于底板内，下部嵌入墓底青膏泥内。椁内未见人骨。该墓葬虽然被盗，但出土遗物仍然较多，除了一件陶罐位于内椁室尸床上，部分丝织品位于尸床下，其余遗物均位于外椁室内。主要有日用陶器、车马器、装饰品、漆器等。该墓葬木椁碳十四测定为距今1813±74年（公元137±74年），树轮校正为公元217年至391年；木器碳测定为距今1862±92年（公元88±92年），树轮校正为公元119年至343年。

帽儿山墓地大部分墓葬已经被盗掘，但仍残留了一定数量的随葬品，从残存的随葬品可以看出当时墓葬的随葬品数量惊人，也与文献中记载的夫余的厚葬之风相吻合。随葬品中主要有陶器、铜器、铁器、金银器、漆木器、丝织品、石器等。陶器主要有夹砂陶和泥质陶两类。其中以夹砂陶数量最多，釉陶仅见一件鼓腹罐。夹砂陶有夹粗砂者也有夹细砂者，以红褐陶居多，灰褐陶、黄褐陶、黑陶、铅皮陶等次之。大部分器表颜色斑驳不均，说明窑内气温控制不好。而黑陶和铅皮陶器表颜色均匀，说明渗碳技术较高。特别是铅皮陶，通体黑亮，器物烧制后多经过磨光处理。夹砂陶器均手制，采用泥圈套接法。器类主要有罐、豆、壶、盆、纺轮等，多素面，有极少量的垂帐纹。泥质陶多为灰陶，另有少量的黄褐陶、红褐陶等，多素面，有极少量的垂帐纹、波浪纹等。泥质陶大多数陶质细腻，颜色均匀，烧制火候较高。泥质陶器多为轮制，部分手制，制法与夹砂陶相同。器类主要有罐、壶、豆、碗、钵、器盖、器耳、砖、纺轮、网坠等，以素面为主，纹饰主要有压印菱格纹、压印水波纹、刻画水波纹、拍印绳纹、戳压纹等。铜器主要有容器、工具、武器、装饰品及车马器、铜钱等。铁器有工具、农具、武器等。金银器多为装饰品。

帽儿山墓地出土的釉陶罐

帽儿山墓地出土的陶罐

帽儿山墓地出土的陶罐

帽儿山墓地出土的陶豆

帽儿山墓地出土的陶罐

帽儿山墓地出土的陶罐

帽儿山墓地出土的铜带钩

帽儿山墓地出土的铜镭

帽儿山墓地出土的铜车马具

帽儿山墓地出土的铜马镳

帽儿山墓地出土的鎏金铜泡饰

帽儿山墓地出土的铜鍑

帽儿山墓地出土的铁镬

帽儿山墓地出土的金牌饰

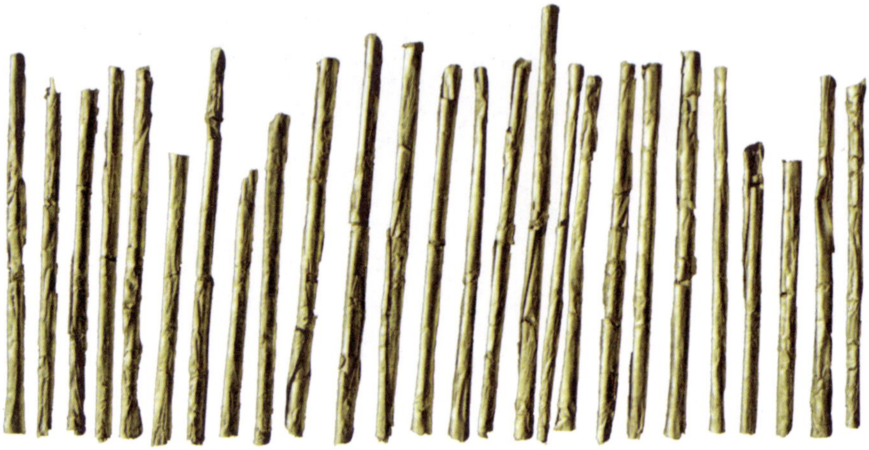

帽儿山墓地出土的金管饰

帽儿山墓地出土的银耳饰

帽儿山墓地出土的玛瑙珠

这些随葬品为判断墓葬的年代和性质提供了依据。如帽儿山墓地出土了两枚“货泉”。“货泉”是新莽时期发行的货币，说明出土“货泉”的墓葬下葬年代应该是东汉时期。

陶器是日常用器，从帽儿山墓地出土的陶器看，分为两大系统，一个是夹砂陶，另一个是泥质灰陶。夹砂陶为本地土著系统，泥质灰陶为中原文化因素。比较有趣的是，部分泥质灰陶的器型具有土著风格。这说明夫余人与中原汉文化有着深入的交流。这种交流既有贸易的往来，也有技术的学习。

串珠、指环、耳坠等装饰品出土于大部分墓葬中，说明装饰是夫余人的普遍习俗。

金银器、漆木器、丝织品出土于大型墓葬中，是身份和地位的象征。

在目前发现的夫余遗存中，帽儿山墓地规模庞大、墓类齐全、随葬品丰富，体现了夫余最高的物质文化水平。墓地与近周的东团山遗址关系紧密，多年来一直被学术界认为可能为夫余早期王城所在。目前已知的，以帽儿山墓地为中心，周围辐射 30 千米的范围内，有文化性质相同的遗址不下 40 处，遗址分布密集，这一区域当为夫余文化的中心地带。

帽儿山墓地占据着吉林市的一大片土地，时至今日，这里仍然神秘。它的发现，似乎将 2000 多年前夫余国的神秘面纱揭开一角，让我们瞥见了一点历史真容。而随着时光的流逝，曾经夫余王城的熙熙攘攘悄然逝去，只留下千百座古墓深埋于松花江畔，见证着东北大地的风华与沧桑。

帽儿山墓地出土的漆盘

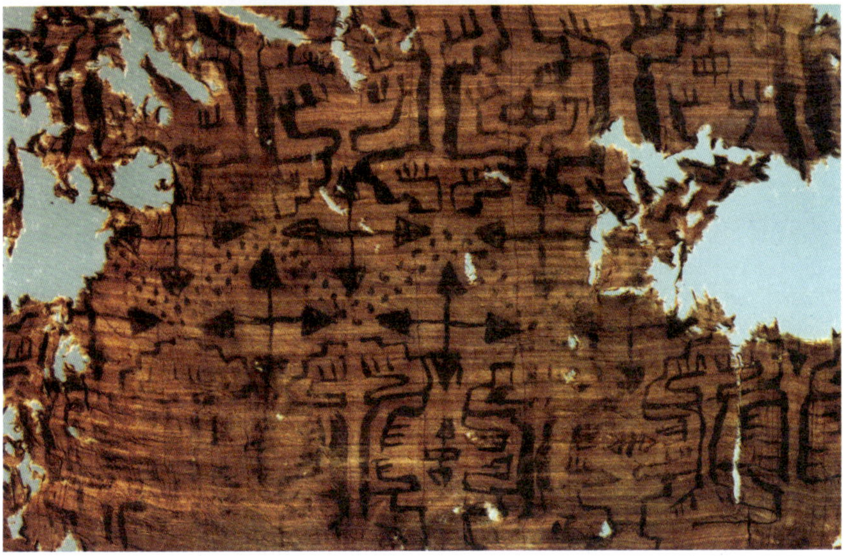

帽儿山墓地出土的帛画

燕秦开疆

从吉林省四平市出发，一路向东，大约一个小时车程，一潭深深的湖水明镜般静默于此，钟灵毓秀，阅尽春秋。这里就是吉林省境内最大的内陆湖——二龙湖。

20世纪80年代，吉林省文物工作队的到来，如突然落入水中的石子，打破了这里的深邃幽静，激起一层层涟漪。

1983年，第二次全国文物大普查，工作队队员们沿东辽河一带进行考古调查。在考察位于四平市的清代赫尔苏古城时，听村民反映，在距离此地10公里的梨树县二龙山村有一个三面被大土墙包围着的大院子。考古人员立即动身，赶往目的地，眼前所见，尤为震撼。

大院子的地面还能够看到保存比较好的城墙，尤其是城墙的南面和东面，这两段城墙保存比较好，第一次勘测可知，城墙距地面高度为1 ~ 3.5米，底部大概有十几米宽。

二龙湖古城南城墙

二龙湖古城东城墙

在距离这里不到 40 公里的地方，就是著名的叶赫古城，10 公里处又是赫尔苏古城遗址，再加上在此处发现的清代瓷片，考古人员初步认定，此处应该是属于叶赫部的一处遗址。

发掘工作正要展开，一个巨大的困难却摆在了眼前。一家啤酒厂在古城遗址上方赫然出现，规模不小。而啤酒厂坐落的那个位置地势比较高，像一个土台子一样，这个土台子如果不是后来堆砌的，那很可能是原来城址内的建筑基址。建筑基址可能和直接管辖这个城的衙署或者是官署遗址有关，但是可惜啤酒厂就坐落于此，无法进行勘测。为保护遗址，考古人员决定放弃大规模发掘，古城也随着人们的离去而恢复了往日的宁静。

1985 年，随着一些碎片的发现，二龙湖古城遗址再次进入了考古人员的视野。

1985 年，考古工作者对古城进行复查的时候，发现了一些绳纹陶片，认为古城所处年代需要进一步研究。经鉴定，确定这些陶片出现的年代是战国晚期到西汉左右，据此推测二龙湖古城是非常难得的遗址。

从明末到战国，古城年代跨度近 2000 年，这一论断引发了不少的质疑，仅靠一些碎片，古城的年代就发生了如此巨大的变化?

想得到确切答案，对二龙湖古城进行继续发掘，是不二选择。

1985 年 5 月，吉林大学派专家，到二龙湖古城遗址进行初步试掘。

他们首先对古城内外进行了地面踏查。然后对城址进行了初步勘测。最后在城址的东侧，即面向二龙湖水库一侧，进行了试掘。

发掘工作进行顺利，青铜箭头、环底瓮等器物陆续出土，专家们倍感兴奋，二龙湖古城属于战国时期遗址，这一定论确凿无疑。

二龙湖古城出土的三翼铜镞在东北和北方地区的春秋晚期到战国时期比较流行。考古工作者根据出土文物及探沟内的原生堆积，初步认定这个城的年代应该是战国时期，年代下限可能到西汉初。

为进一步揭开古城的神秘面纱，寻找更多史实，1987 年 9 月，吉林省文物考古研究所李殿福和姜鹏带领考古队伍，来到二龙湖遗址进行小面积发掘，可是，这一次发掘却没有那么顺利。

考古队和阴雨天气僵持了 10 天之后 ，发掘了近 200 平方米，出土了一些瓦件和陶器残片，但古城的完整风貌并未呈现。

二龙湖古城是谁所建？这里曾发生过怎样的故事？接连不断的大雨，让一切变成了大大的问号，再次给这里蒙上了神秘的面纱。

二龙湖古城遗址位于吉林省四平市铁东区石岭镇二龙山村北崴子屯，是战国晚期古城，距今 2300 多年。眼前这些留存下来的古城墙历经风雨，阅尽沧桑，破败荒凉的背后，难免让人联想这里曾经是何等璀璨繁华。

考古工作揭神秘面纱

考古是一种考验执着和耐心的发现过程。

2002 年，吉林省文物考古研究所再次踏上这片土地，重新启动发掘工作，以王洪峰和赵殿坤为领队的发掘队伍仔细搜寻，接连不断的惊

二龙湖古城发掘现场

二龙湖古城出土的铁锄

二龙湖古城出土的铁镬

二龙湖古城出土的环首铁刀

二龙湖古城出土的铁镰

喜如约而至。绳纹泥质灰陶片、夹砂红褐陶片、战国时期的铁镰、马镳、铜镞、泥质灰陶豆，镰、锄、镐等生产用具也陆续出土，得以重见天日。

本次发掘面积为3000多平方米。面积大，遗迹多，出土的遗物也多，完全超出了考古人员以往对这个城址的了解和掌握。

考古工作者在城内地面上采集到数量不少的铁橛，均为长条形，上边有一个銎，即一个方孔。这种铁橛是比较典型的战国到汉代的掘土工具。

大量用于耕种的生产用具的集中出土，尤其是铁器的出现，再次证实了二龙湖遗址为战国时期遗址，这和专家之前的判断，不谋而合。

令人吃惊的是，出土的工具中，还出现了凿子、锛子等木工工具，同时，还夹杂一些做工精致的渔钩和网坠。专家们判断，这些工具的使用，在很大程度上促进了当时少数民族聚居地带农业、渔业的发展。

不仅如此，出土的器物中还有石器、铜器、铁器、陶器、骨器、玉器、玻璃器等，多达 800 余件。许多都是战国时期的典型物件，如内戈式铁镰，形制与河北省兴隆县战国矿遗址出土的双镰相同。

古城所属谁家

东南西北上中下，齐楚秦燕赵魏韩。战国七雄，二龙湖古城究竟又属于谁呢？是当时占据东北的燕国还是其他诸侯国呢？专家们翻阅了大量史料，试图进一步寻找答案。

据《汉书·地理志下》记载：“燕地，尾、箕分野也。武王定殷，封召公于燕，其后三十六世与六国俱称王。东有渔阳、右北平、辽西、辽东；西有上谷、代郡、雁门；南得涿郡之易、容城、范阳，北有新城、故安、涿县、良乡、新昌及渤海之安次，皆燕也。乐浪、玄菟，亦宜属焉。”

二龙湖古城出土陶豆

二龙湖古城出土陶瓮

2300年前的战国时期，占据了东北的燕国是否已经将燕文化带入这一地区，从而有了二龙湖古城呢？专家对众多出土文物进行整理、分析，最终在出土的陶器身上找到了判断的依据。

陶器作为人们普遍使用的器具类型，具有典型的地域和年代特征，一些史前考古学者把陶器认定为判断文化性质和年代鉴定的重要元素之一。

二龙湖古城的陶器可以分为夹砂陶和泥质陶两大类，夹砂陶是一种红褐陶，泥质陶是一种细泥灰陶。从发现的陶器形制来看有釜、豆、甑、盆、瓮等几类器型，这个釜不是斧头的斧，而是古代作为炊器的一种陶器，圜底、宽折沿；豆为带把儿的豆；甑相当于蒸锅里的篦子，只不过是陶制篦子；瓮的个体比较大。当然这些器物在地面采集和出土时都呈碎片状，经过复原后，大概可以看出它们的器形来。

其中宽折沿、圆底的夹砂红陶绳纹釜是典型燕文化的炊器，还有一些泥质灰陶的陶器，烧制温度比较高，器形也都带有中原文化特点，与当地土著文化不同。燕国在春秋战国时期位于河北一带。燕文化最典型的陶器就是釜。这种釜一般都是夹砂红陶，里面掺有云母，云母是白色的，所以河北当地的老百姓就把这种釜叫鱼骨盆。这种釜是燕文化最典型的一种炊器，河北易县的燕下都遗址，即燕最后一个国都遗址，就出土了大量这种釜。另外，二龙湖古城的一些泥质灰陶陶器，烧制温度

二龙湖古城出土的陶壶

二龙湖古城出土的侈口罐

比较高，细泥质，如豆、甑、盆，特别是瓮，这种带有绳纹的陶器，也不是典型的东北土著文化陶器，而是带有中原文化特点的战国甚至到汉初的陶器。通过这些陶器，考古工作者初步判断二龙湖城址肯定不是清代的城，它的年代很可能早到战国时期，最晚也不会晚到汉初时期。

随着发掘工作的不断深入，古城布局轮廓逐渐清晰。在王洪峰的带领下，发掘队伍布列了 16 个 10 米乘 10 米的连片探方，对古城东南角进行整体揭露。

这是一座西高东低的城，内有角楼和瓮城，城内北部正中有夯土高台。考古人员发现了圆角方形或圆角长方形浅穴式房址共 16 座。比较分散，缺乏统一规划。

16 座房址均为地上建筑，每座房址都有一个长方形的灶台，上面有釜孔，有两个连孔。连孔灶在当时的东北独树一帜。当时土著民族的房子里多为瓢形灶，在地中间挖一个瓢形坑，垒几块石头就可以做饭了。而二龙湖古城里的房址，则是高垒起的长形灶台。灶台上是圆形釜孔，圜底釜坐于其上，釜上叠加一个甑，这样釜里煮水，上面蒸干粮。这与当时其他民族相比是比较先进的。另外每个灶台旁都有一个圜底瓮，埋在半地下。这种圜底瓮是盛水器，埋在半地下是为了冬天保暖，夏天保凉，防止水变质。另外，考古人员也在房址内发现大量的绳纹瓦，说明屋顶是铺瓦的；还发现了陶制的排水管，说明当时房屋设有排水设施。素面瓦当、云纹瓦当的发现，证明城址内的建筑等级比较高，房子比较密集，则表明当时居住的人口较多。另外，房子里发现的生活器皿比较齐全，陶器有圜底釜、折肩瓮、柱把豆等，还有小孩戴的小玻璃球、妇女用的胭脂棒、用于交换的金属货币及燕刀等。这些遗物的出土，证明了房屋的居住时间比较长。

其中一座房址里发现的三件陶器有两件具有燕文化特征，即中原文化的特征，有一件具有土著文化的特征，它们的陶质、器型、纹式都不一样，仅在这个房址里面，就体现了两种文化因素的交融。据此可以推测燕人来到这里以后和土著人的关系可能比较融洽。古城里可能同时居住着当地土著和中原人。

翻开历史，满目繁华。《史记·匈奴列传》记载，公元前318年，燕昭王在位时，有一名大将名叫秦开。秦开早年在东胡做人质，并深得东胡人信任。于是秦开借机掌握东胡的风土人情、军事地理等情况。一次贩马途中，蓄谋已久的秦开脱离队伍，恰巧燕国的队伍巡防经过，秦开就并随之回到燕国。当时燕昭王励精图治，国力已经逐渐强盛，眼看东北边境百姓遭难，他下定决心彻底平定边患。最后他决定将率军驱胡的重任交给在东胡做过人质的秦开。秦开率军迎战东胡，燕军自西向东，由妫水流域（今北京延庆境内）向密云地区的渔水（今白河）、鲍丘水（今潮河）流域推进，一路斩关夺隘，马踏平川，东胡军虽奋力抵抗，却无法阻挡燕军凌厉的攻势，只得一路撤退，燕军乘胜追击，接连收复失地。在接连胜利的情况下，燕军士气更加旺盛，一鼓作气向东北追歼东胡。东胡一直撤退到1000多里外的今西辽河上游。

燕占领东北南部地区后，主要做了以下两件事。一是设郡，一共设了五个郡，其中和东北有关的有三个郡，即右北平郡、辽西郡、辽东郡。二是置官，燕国派官员到东北，担任各个行政机构的领导，进行统治。

二龙湖古城遗址始建于战国晚期，沿用到汉初。城址发现有战国燕文化、土著文化、汉文化三种文化因素，该城址是燕国最北端的一处城址，它的发掘对于研究燕国在东北的发展及该地区的民族交流具有重要意义。2001年，国务院公布其为第五批全国重点文物保护单位。

今天，当人们拂去历史的尘埃，试图在残垣断瓦中寻迹过往的时候，依稀可以听见千年前的鼓声阵阵，铁马长歌，那是古代中国人民的创造精神，正为这片土地书写着独有的铿锵与辉煌。

大汉边城

雨露后的阳光在清晨的薄雾中洒下一片金色的光瀑，如长歌缥缈般流过大都岭河，随河水自西向北蜿蜒流去。从吉林省通化县快大茂镇出发，向西南方向行进约 2.5 公里，一处低矮的二级台地赫然出现眼前，台地之上，有一座当地人都熟知的古城——赤柏松古城。

台地东侧和南侧为天然的陡崖，整个台地形如紧握的拳头，探向河谷，沿台地而展的古城，整体呈西高东低之势，靠近东部地势平缓，西向和北向坡度变陡，直至台地的制高点。

最高的山坡即赤柏松古城的制高点，也是它的西墙所在。赤柏松古城位于通化县西南 2.5 公里，山城周长 1053 米。东墙下东侧就是 201 国道，再往东一点儿是鹤大高速公路，鹤大高速公路和山之间是大都岭河。

赤柏松古城全景

汉武帝元封三年，也就是公元前108年，汉武帝消灭盘踞在朝鲜半岛北部的卫氏朝鲜，统一其旧域后，在那里划分地方行政区域，设置了乐浪、临屯、真番、玄菟，史称“汉四郡”，其下各辖若干县。玄菟郡下辖三县，即上殷台县、高句丽县、西盖马县。

史书对上殷台的记载比较少，但很早就有学者对其开展相关的学术研究。以往对于上殷台的具体位置有以下几种认识：一是认为上殷台在吉林市附近；二是认为上殷台在辽宁新宾的白旗堡古城；三是认为其位置在赤柏松古城。目前学术界更认同上殷台就是赤柏松古城的说法，主要基于两点原因：第一点，在汉代吉林市主要是夫余的管辖范围，上殷台处于吉林市附近的可能性不大。第二点，辽宁新宾的白旗堡古城，经过发掘后推测其为汉代玄菟郡二迁时的治所，同时又是高句丽县所在的范围，在这么近的距离设两个县的可能性不大。所以现在学术界普遍认为，上殷台就是赤柏松古城。

历史的记忆是否重叠？眼前的赤柏松古城如果真的是千年前的上殷台县，那它又记录了怎样一段历史呢？

2005年，针对赤柏松古城展开的考古发掘工作正式启动。

赤柏松古城东墙下就是鹤大公路，城北侧则是村庄，城市建设的飞速发展让不少人担心城址是否遭到了严重性破坏。虽然之前早

赤柏松古城发掘区全景

已对古城进行了多次调查，但再次到来，古城的保存状况完好还是让人们感叹。

据考古队员介绍，赤柏松古城的文化层比较浅，基本为 30 厘米至 50 厘米，去掉表土就是文化层。而农民耕地一般为 20 多厘米，所以对地表下文化层的破坏不是很严重，文化层保存得非常好。

从外观上看，城址的形制、大体的轮廓都是比较完整和清晰的。调查阶段，考古队在城内东侧发现一处平缓的台地，推测可能有大型遗迹。所以，2005 年的发掘工作主要在城内东部平滑台地上开展。

高等级建筑露出真容

为了确定古城的使用年代，考古队针对城墙、城门等多个地点和区域进行的发掘工作陆续展开。而专家口中，那处位于古城东部的较大遗存更成为挖掘重点。所有人期待着，赤柏松古城的奇特之处能够从一朵朵疑云幻化成出土遗物，被一一揭示出来。众人埋头苦干之时，一类重要的遗物被清理出来，它们也带来了土层之下这座建筑的重要信息。

瓦的出土，似乎意味着高等级建筑的存在。筒瓦、板瓦这类建筑构件普通老百姓一般是不会使用的，只有在一定等级的城址才会有瓦这种建筑构件出现。考古人员越发意识到赤柏松古城的重要性。古城的真相似乎离人们越来越近，考古发现也越来越多，这处较大的遗存，它的作用是什么？它的出现又传递出什么样的信息呢？

雨季的到来，给发掘工作带来短暂的休整，同时也给考古队带来新的发现，这处建筑遗存或许还有其他特点。

考古队在该处建筑遗存发现了廊道的存在。同时它的排水设施也比较完善。赤柏松古城位于山上，类似山城，是上高下低或者内高外低的形制。山城借助山势设置了一些排水设施。因为吉林东部山区尤其夏季雨量比较大，考古工作者在发掘期间也发现，在下大雨之后，城里连续好多天都有地下水上渗的现象。所以排水对于赤柏松古城，显然比较重要。通过发掘也证实了这一点，在城内修建有相当完好的排水设施。

板瓦、筒瓦的出土，排水设施、廊道遗迹的发现，犹如久旱逢甘露给所有人带来欣喜，因为这在一定程度上证明了赤柏松古城的等级和地位。作为汉代县治所在地，赤柏松古城显然够此级别。

赤柏松古城出土的板瓦（45cm×38cm）

赤柏松古城出土的板瓦（42cm×35cm）

赤柏松古城出土的筒瓦（44cm×18cm）

赤柏松古城出土的筒瓦（44cm×17cm）

赤柏松古城建筑遗迹

大型院落实为衙署

考古队经过对赤柏松古城中心区域发掘，发现了一座夯土台基式的房址，为连排五进房屋。房址旁边发现有排水沟、灰坑，还有大量的瓦砾堆积，瓦砾堆积应该是未经使用即被废弃了。考古工作者推测当年正准备要修建建筑时，这个城址就被遗弃了。

院落里发现了五处这种联排带有台基式的房址，这种联排的房址应该具有特殊的地位和作用，大型院落及联排的台基式房址显然不是普通的民宅，很有可能是衙署建筑。

历史，早已在时间的积淀中深埋于泥土。始于 2005 年的这场考古发掘也在竭尽全力，把关于赤柏松古城的真相从土层中挖出并传播开来，窥探古代先民的种种过往。考古发掘工作进行到 2008 年，一个令人欣喜的发现愈加印证了专家们认为联排建筑是衙署的推测。

考古工作者推断位于中心区域的台基房址有可能是县城的衙址所在地，并在夯土台基北侧的排水沟里，发现了滑石的镇纸，镇纸上面刻有“苍颉”两个字。

专家口中的这件石器，通体磨制，长 14.76 厘米，宽 3.76 厘米，厚

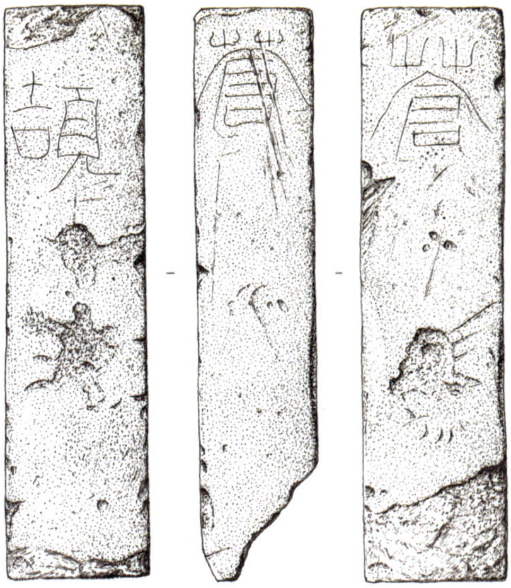

赤柏松古城“苍颉”石器线图

赤柏松古城“苍颉”石器拓片

赤柏松古城出土的“苍颉”石器

3.15 厘米。款文“苍颉”二字，分别刻划于器身两面的上部，另外还有一“苍”字刻划于侧面的上部，三个字大小基本相同，纵长约 2.5 厘米。款文书体为小篆，字形结构，方圆兼备，线条转折、衔接流畅自然。可见刻字者对于篆书形体结构的把握相当娴熟。考古专家从文字史的角度分析，汉承秦制，初用篆书，后来隶书成为社会广泛使用的主流书体，并在东汉进入鼎盛时期。目前发现的东汉碑刻、简牍等文字材料多用隶书，篆书作品已不多见，专家们由此推测这件篆书刻款石器有可能属于西汉时期的遗物。仓颉，又名苍颉，原姓侯冈，俗称仓颉先师，在历史传说中为黄帝左史官和造字始祖，其身份和造字的事迹自战国以来便广泛流传。尤其在西汉时期，更将其神化到登峰造极的程度。

汉武帝设四郡“经略”东北，一方面是为了加强对东北的管理，另一方面是为了加强对东北各民族的统治，尤其是加强对少数民族政权的管理。

衙署，也许当年就设置在这里，驻守一方的朝廷官员取仓颉石镇，挥笔书写下一篇篇公文。彼时，那些“汉置四郡”留下的边城郡县政策则对这里产生了深远的影响。

汉设四郡，包括郡下辖的县，功能可以用四个字概括——屯垦戍边。屯垦主要是从事农业生产、稳定边疆。戍边，当然是有一定的守卫作用。所以，赤柏松古城，或者说当时的郡下辖的这些县，基本都有屯垦戍边的功能。

出土遗物展现民族融合进程

赤柏松古城出土的陶豆

发掘工作继续进行，考古人员试图寻找更多关于先民的遗迹。当年这里都发生过什么？人们过着怎样的生活？这座城书写过怎样的历史呢？

土层被逐渐清理开来，部分陶器残片重见天日。它们质地普通，但图案各异。考古人员对出土的陶器残片进行观察后发现，它们都有着相似的特点。

出土的一些陶器，如绳纹陶、网格纹陶，具有典型的汉式风格。另外，在考古发掘过程中也出土了一些具有土著文化特点的陶器。从考古发现来看，赤柏松古城出土的陶器受到了中原汉王朝的影响。

赤柏松古城出土的陶香炉盖

除了陶器，大量的铁器也被清理出土。一类是生产工具，如铁䦆、铁锸，另一类则是兵器，镞就是最寻常的铁制兵器之一。

根据出土铁器的特点，考古专家试图从它们身上找寻关于古城的年代信息。经过仔细对比，考古专家发现，赤柏松古城出土的 A 型铁䦆与洛阳烧沟汉墓出土的竖銎䦆一致，同样，赤柏松古城出土的 B 型䦆也与郑州古荥镇和桑植县朱家台出土的竖銎䦆形制相同……通过对多个铁器形制的对比，专家推断，赤柏松古城的使用年代为西汉中晚期至东汉，而这一时期恰恰与汉置四郡的时间相吻合。

赤柏松古城出土的铁锸（15cm×10cm）

赤柏松古城地处边疆，而在这里出土的陶器和铁器却具有明显的汉文化特点。这能否说明，曾经的赤柏松古城里，汉文化与边疆少数民族文化能够获得交流与融合？这些器物从哪儿来？又是出自谁手呢？

赤柏松古城出土的铁䦆（18cm×6cm）

陶窑展现手工业特点

考古人员有了越来越多的疑问，他们将时间攥得紧紧的，在更大范围内进行有效搜索。

就在南城墙外侧，有了惊人的发现！

在赤柏松古城址的南门山下，一户民居里发现了一处窑址。因为考古工作者当年在赤柏松古城内发现了大量的瓦和陶器，当时就推测该处应当会有窑址，最终经过调查和打探，果然在南门山下一个住户的后园里发现了窑址。窑址里发现了大量的筒瓦、板瓦，还有一些精美的陶器等。

陶窑的发现对解释城内陶器及建筑构件的来源，提供了很大的帮助。城内出土的带有汉式风格的陶器或者建筑构件显然是受到中原汉王朝的影响。汉代设四郡的时候，部分汉代工匠来到这一区域，从事陶器、铁器、兵器的生产，可能也一定程度上带来了中原汉王朝的影响。

易守难攻，守卫一方安全

“介胄而耕耘，鉏耰而候望”，“燧燔烽举丁壮弧弦入关，老者超越入葆。”这是西汉的《盐铁论》中对边郡兵民屯戍结合情况的描写。

赤柏松古城窑址

玄菟郡是西汉时新辟边地上增置的城邑。玄菟郡下辖的上殷台县，以及其他边疆地区新设置的郡县多半属于屯戍性质，规模虽小，却拥有浓厚的生活气息和军事色彩。屯垦人员要对地方政府或戍边军队负责，民屯缴纳田租，军屯所产粮食输入官仓。若遇有烽火战事，则进入防御警戒，保持屯戍结合的戒备状态。

赤柏松当年曾拥有重要的军事防御作用。它本身的形制以及城墙内的细节也彰显出了这座城池的与众不同之处，内高外低，易守难攻。

赤柏松古城东侧城墙按照山势来筑造，西侧城墙则依靠天险、山石而筑，经考古解剖可知，东侧城墙一半是天险，一半是人工筑造。

以多年考古实料为基础，考古人员结合历史文献资料、该城建筑规模和遗存的文化特征、地理位置、与周围同时期城址的比较等综合分析，赤柏松古城应该是我国目前发现并经过考古发掘的一处汉城遗址。以赤柏松古城为中心的防御体系与周边的关堡遗址和沿线烽燧共同构成了汉代长城的一部分，成为汉时期中央政权经略东北的重要实证。

吉林省地处边疆，赤柏松古城属于汉长城体系的一部分。汉长城是以点状形式来构成的。西接辽宁新宾，一直往东经赤柏松古城，到快大茂烽燧。其间有 12 处烽燧，1 处关堡，加上赤柏松古城 1 个山城。这样的体系基本位于公路两侧最高峰上，以烽燧的形式存在，用于放狼烟，传达信号。作为一个县城，赤柏松古城的发现对于汉中央政权经略东北有着深远的意义。

2010 年，考古人员对赤柏松古城周边部分汉长城遗存进行了考古发掘，考古探方中是队员们不知疲倦的身影，他们的目光只被脚下的土地所吸引。

连绵不断的烽燧沿山势展开，屯戍结合之下的边民似乎时刻保持着警惕。然而，随着 2011 年土层中一层淡淡的颜色晕染开来，剥落逐渐加深，泥土从一小块变成一大片红黑色，专家们意识到，这座古城曾经历了一番惨烈的摧毁。

赤柏松古城的这些联排房子里面都发现了大量红烧土的痕迹。这种红烧土显然不是普通的生产生活形成的，而是由于突发性的火灾或者战火而形成。

些许经年，热闹的街道上，商贾、诗人、官员、学者都曾在这里流连驻足，但高墙上的防御依旧抵挡不住战火的摧残。

战争无疑是造成大片红烧土产生的“真凶”。地处边疆的赤柏松古城当年究竟发生过什么？是谁将高墙险地之下的赤柏松古城推向了惨烈的衰亡之地呢?

高句丽分北道和南道，是高句丽时期两条重要的交通要道。赤柏松古城无疑处于这个交通要道的一个重要节点上。同时，对管辖地方少数民族政权也发挥着积极和重要的作用。

史书记载，高句丽政权稳定以后，不断侵扰汉的郡县，以及周边的一些少数民族政权，部分遗存尤其房址存在着二次修建或者是被火毁的迹象，可能跟史实记载的高句丽反复侵扰玄菟郡有关。

今日，站在古城城墙向远处眺望，赤柏松古城地处通化县、新宾县、桓仁县三县交通要冲，正是因为如此重要的地理位置，赤柏松古城才成为兵家必争之地。

在针对赤柏松古城展开的考古发掘中，这些曾经深埋在地下的实物资料被系统地、完整地揭示和收集。考古队员也终将根据这些古代人类通过各种活动遗留下来的实物来研究赤柏松古城传奇的历史。

赤柏松古城和通化汉长城的发现，对于了解东北地区汉代郡县设置、民族交流及高句丽文化起源具有重要意义。2013 年，国务院公布其为第七批全国重点文物保护单位。

历史在字里行间浸透了血泪，考古则在行走中风雨兼程。斑驳在赤柏松古城之上的印迹，刻画出古人类曾经的文明之旅；深埋于土层之下的实物依据，也终将带着厚重的文化气息，浸透在历史长风中，染成翠绿的泉水，滋养着文明古国的大地。

巨石文化

松生青石上，泉落白云间。早在 300 万年前，大自然便将石头作为礼物馈赠给古人类，让远古人类们扣开了石器时代的大门。而今，几百万年过去，作为人类发展史上必不可少的天然物质资源的石头，被广泛应用于建筑、雕塑、园林艺术之中。巨石既承载着天地间的灵气与力量，也不断推动着人类文明的发展进程。

通化是一座有着悠久历史的城市，6000 年前，浑江两岸就有新石器时代的古人类在此频繁活动，他们渔猎稼穑，创造生活，在浩如烟海的历史长河中，留下了璀璨遗迹，其中，最典型的莫过于隐藏在山脊之上的大大小小的石棚墓，以及其中蕴含的巨石文化。

大沙滩 1 号石棚墓

在第二松花江中上游主要支流的辉发河上游的一统河与三统河流域内，分布着一群形制结构极为特殊的墓葬，它们保存较为完整，砌筑工艺精美、考究，是辉发河上游除自然风光外一道亮丽且独特的人文风景。它就是分布于今柳河县和梅河口市境内的辉发河上游的石棚墓群。

石棚墓群表面杂草丛生，静卧山林之间数千年，直至 20 世纪 60、70 年代，其神秘面纱才逐渐揭露，当时，吉林省博物馆考古人员对吉林省东南部地区，特别是对通化和辽源两个地区，进行调查。东北地区石棚墓，有学者称为石棚墓，有的称作支石墓，还有称为大石盖墓者。至于其规格形式、类别，学者们亦不甚统一，至于其年代，大致判定为春秋战国至秦汉时期。

直至 20 世纪 80 年代，经过科学的考古调查与试掘，才真正对所谓的“巨石文化”做了细致的总结与归纳，并逐渐认识到这批石棚资料的重要性。

辉发河是第二松花江中上游的重要支流，流经吉林省南部和辽宁省东部，在河的上游，是石棚墓密集分布的地区之一，这一区域的石棚墓多位于哈达岭的山岗顶部或山脊上，海拔为 500 ~ 600 米。共发现石棚墓葬 80 余座，集中分布于一统河与三统河流域内的若干墓群之中，且多与大盖石墓和石棺墓共存，具有代表性的墓群有大沙滩石棚墓、太平沟墓群以及三块石石棚墓群等。

和其他墓葬形式相同，石棚墓的主要功能也是古代先民安放逝者，并普遍应用的一种墓葬形式。

正如专家们所说的那样：石棚墓用巨型石块做墓壁，并封底封顶，无论是建制规格，还是大小朝向，都遵循着一定的规律，它们的存在，似乎寄托着古人类对巨石的重视和敬仰。

这些巨石从哪里来？背后又隐藏着哪些文化？想要揭示这些答案，需要进行更加深入的研究。

通过调查与试掘，我们对石棚墓的结构有了一个深入的了解。石棚墓葬以花岗岩为构筑石材，石材均被加工成较为规整的长方形或方形。墓葬以 3 ~ 4 块板石半埋半裸立砌并围成墓室四圹，上覆以体量较大的石板封顶，四周呈现出宽大的棚檐，石棚墓的称谓便由此而来。

大沙滩 2 号石棚墓

太平沟墓群 5 号墓

三块石石棚墓群 7 号墓正面

至于墓葬各部位的功能结构以及墓葬的埋葬方式等问题，通化市东山石棚墓的发掘为大家找到了答案。

通化市东山石棚墓的发掘工作开展于 2005 年，是这一地区目前发现的保存最为完整的一座石棚墓。也正是这一次发掘，让专家们对石棚墓有了更为深入的了解。

在墓葬四周存有积石圈，推测是用于封堵盖顶石两侧防止坍塌的。墓底用一块块小且薄的灰白色石灰岩板铺砌而成，再于其上用小的河卵石块铺垫墓底，约厚 20 厘米。人骨则是葬于卵石之上，为一次仰身直肢葬，另外在人骨上层发现许多烧骨，说明其存在二次葬现象。另外，考古人员还在墓室西北角发现了几块残碎的颅骨和有形的人体下肢骨，牙齿 26 颗，其中包括数颗较小的牙齿。

在墓内发现人骨，让考古人员十分惊喜。随着墓室清理工作的不断深入，接下来的发现，更让他们喜出望外，一件件随葬物品重见天日，其中包括陶器、绿松石饰件和青铜饰件，共 9 件。其中，一个制作精美的松石项链尤其引人注目。松石项链发现于墓主人胸前，且为四个松石管，做工精致，足见其珍贵程度。

此外，在清理墓室过程中还发现了几件陶制物品，包括陶碗、侈口小陶罐、黄褐夹砂陶器表磨光的四耳陶壶，这让考古人员眼前一亮，深刻意识到这批陶器资料的重要性。专家认为，通化所在的这一区域是中原文化向朝鲜半岛传播的一个中间区域，很多典型的文化都是从中原经过这一区域，然后再传到朝鲜半岛的，如这批陶器中发现的高句丽式四耳陶壶，它的造型很像中原汉代的一些同类器物，但是四耳且为横耳的特征又与中原存在较为显著的差别。四耳陶壶从中原向辽东地区、朝鲜半岛传播的时候，逐渐就有了变化。平壤地区出现的四耳陶壶，整个的形象就显得稍微高了一些，腹部向内收了一些，有所变化。传到日本后，也出现了此类四耳陶器。

专家认为在北方地区也存在一条类似丝绸之路的文化传播路线。北方地区的文化传播以陶器为主，以墓葬形式为辅，在这些形式的影响下，逐渐从东北经朝鲜半岛，向日本甚至俄罗斯的滨海边疆区等地域传播。

东山石棚墓的发掘工作早已画上了句点，而考古专家口中的这条北方“丝绸之路”，听上去却是陌生而又神秘。它的存在，为探讨中国石棚墓葬形式提出了更多疑问。

眼前这些大大小小的石制墓地，它们源自何处？它们又是如何演变的呢？对此专家做了较为详细且深入的解答。

古人在利用自然环境和自然资源方面，充分发挥自身的聪明才智。像居住于平原地区的居民经常用土；山区的居民就利用石头把墙壁砌起来。所以，活着的人用石头来做生前的房子，那么死后，也用石头来埋葬和隐蔽尸体，所以就形成了积石墓。中国最早的积石墓是红山文化的积石墓。红山文化起始于距今五六千年前，发端于东北地区西南部，是华夏文明最早的遗迹之一。而辽东地区后来所发现的积石墓、石墓这类的墓葬，基本是受到红山文化积石墓的影响。

历经数千载春秋，现今的柳河大沙滩石棚墓依然能清晰地探寻到红山文化的痕迹。大沙滩石棚墓是辉发河上游石棚墓的一个组成部分，其墓葬构筑很有特点，相较其他石棚墓来说，还多构筑了一个墓门，原为两扇墓门，现只存留了一侧，呈半月形。本来完整的应该是两扇门，对起来成一个圆形的孔洞，这个就相当于一个窗。专家认为这可能与红山文化在瓮棺葬中打地孔作用是相同的，这个孔是供墓主灵魂出入的。这座墓葬的年代应是战国晚期至西汉左右，而辉发河上游流域的这个石棚墓群，其年代多数都是在战国末到西汉初，并认为石棚墓群的发展方向应是从辽源的东丰至海龙、柳河、梅河，一直往南至辽宁省，包括新宾和抚顺地区，然后转向白山地区。

除我国境内发现的上百座石棚墓外，甚至在整个亚洲，也有颇多石棚墓群的存在。巨石如散落的珍珠，点缀在浩瀚的历史版图之上，勾勒出流动的文化路线。那么，这条文化线路是何时形成，又是如何演变的呢？大致有如下观点。

一种观点认为，从流动的时间上，应该是在战国末期到秦汉之际，秦统一六国之时，使得很多国家，特别是临近东北的燕国、赵国逐渐向东部迁徙时期形成的。

西周初期，箕子朝鲜东迁就是从辽宁的西部地区逐步向辽东渡过鸭绿江，进入半岛，将这种埋葬方式传播至半岛的南部。在这一地区用石、取石更为方便。另外，民族流动在这一发展延边过程中扮演了十分重要的角色，其大致时间就是从战国末期至秦汉时期。因此，朝鲜半岛和日本的支石墓的年代要稍晚一些。

另一种观点认为，江浙一带类似带有石盖的墓葬是通过海上的印尼、马来西亚等地传播而来的，而朝鲜半岛和日本的同类墓葬也是通过此种方式传入的。

墓葬的形式多种多样，但是每个民族都基本保持了自己的样式并不断发展。辽东地区积石墓、支石墓，逐渐发展成高句丽的方坛阶梯石室墓。这种发展演变的时间推测已持续了 2000 余年。

触摸石壁，慨叹古今，专家们在巨石撑起的天地间，感受到了远古先人的伟大智慧。星罗棋布的石棚墓分布在辉发河畔，犹如来自远古的使者，向人们诉说着石墓的前世今生，彰显了它们在东北石制墓葬序列中的重要席位，以及对古代墓葬文化的重要影响。

辉发河上游石棚墓群墓葬种类较多，保存较为完好，且多与大盖石墓和石棺墓共存，是研究目前存有广泛争议的关于此类遗存性质、年代以及文化归属的最佳实物资料之一。辉发河上游的石棚墓群具有鲜明的地域文化特色，是研究我国东北地区青铜时代丧葬习俗的重要依据，也是探讨松花江上游地区与辽东半岛及朝鲜半岛文化融合与传承，乃至东北亚地区青铜时代文化格局形成的最佳例证之一。

辉发河上游的石棚墓数量众多，持续年代较长，其与遗址关系的探讨与研究，将为东北亚地区石棚墓研究提供可参照的标尺。

石棚墓作为古代丧葬习俗的重要载体，穿越数千年，呈现在现代人的眼前。巨石背后，精美器具、艺术作品、风俗历法，仍在诉说着古代先人的勤劳与智慧。眼前这些巨石，矗立在山脊之上，隐秘于茂林之间，犹如散落天际的璀璨星辰，在华夏文明的长河中熠熠生辉，闪耀古今。当世人只熟知春秋五霸、战国七雄，熟知那个纷争且动荡的峥嵘岁月，可谁想过，同一时期，远在千里之外的东北大地上正经历着一场别样的“春秋”呢！

山巅王都

公元 3 年，一位雄主做出了人生中最重要的决定，他带领自己的族人，组成浩浩汤汤的迁徙队伍，从今天的辽宁省桓仁县出发，一路迁徙，找寻全新的居所。当迁徙队伍来到今天吉林省南部的集安市时，他们被鸭绿江的沿途风景、美丽环境深深吸引。于是，他们决定停下脚步，在这里建设家园，而令所有人没有想到的，这次驻足竟延续了 400 多年。这些人是谁？ 400 年里，他们身上发生了怎样的故事？又给这片土地留下了什么呢？

丸都山城远景

王都之治

在吉林省集安市北 2.5 公里处，长白山余脉老岭山脉的峰峦之间，一座古城雄踞于环形峰岭之上，山城城墙外临峡谷绝壁，内拥缓坡平川，依自然态势起伏错落，当地人俗称为“山城子”。 20 世纪初，就有学者们对古城进行了初步调查，并予以著录。但古城为何兴建于此？又是谁曾经在此地谈古论今，指点山河？它兴于何时，又是如何走向衰败？一直无人给出定论。20 世纪 60 年代到 80 年代，相继有考古工作者来到这里，对古城进行实地勘测，并试图解开古城身世之谜，随后，古城的名字才正式走进人们的视野。1982 年，李殿福先生写了一篇文章，叫作《丸都山城考》，论证了丸都山城和尉那岩城应该是一城同治的，就是现在位于集安市西北 2.5 公里，应该是当时高句丽丸都山城故址。这个观点得到了学界的公认，所以现在所称丸都山城，主要应该是从此而来。

据史料记载，汉元帝建昭二年，也就是公元前 37 年，夫余人朱蒙在西汉玄菟郡辖地内建立了地方政权，号高句丽。高句丽作为地方政权与民族的称号由此开始。位于辽宁省桓仁县的五女山城，据考证可能是高句丽早期的王都——纥升骨城。西汉元始三年，高句丽迁都国内，也就是今天的集安市区之后，为了加强防卫，修筑了尉那岩城。东汉末年，公孙氏割据辽东，高句丽受公孙氏政权管辖。曹魏时，高句丽与公孙政权同臣属于曹魏。但为了各自的地方利益，双方在东汉建安二年（197 年）发生过一次大

丸都山城发掘场景

规模战争，高句丽溃败，国内城被毁。建安三年（198 年），山上王加固扩建尉那岩城，修筑大型宫殿，尉那岩始称丸都。

丸都山城就是眼前这座当地人司空见惯的“山城子”吗？ 历史总是在不经意间给人类带来惊喜。1904 年，当地村民在修路时，无意中发现了一块神秘古碑，碑上的文字依稀可见，经过反复研究，专家猜测，这块碑很可能是曹魏安邑侯毌丘俭平定高句丽反叛的记功碑。据《三国志·魏书·王毌丘诸葛邓锺传》记载：“正始中，俭以句骊数侵叛。督诸军步骑万人出玄菟……俭遂束马县车，以登丸都，屠句骊所都……六年，复征之，宫遂奔买沟，俭遣玄菟太守王颀追之，过沃沮千有余里，至肃慎氏南界，刻石纪功，刊丸都之山，铭不耐之城。”从上述记载来看，这块碑也许正是古代名将毌丘俭在攻破丸都山城之后所立。如果这一论断与历史相符，那么，眼前这座古碑将成为确定丸都山城地理位置的重要依据。

为寻求真相，2001 年夏天，吉林省文物考古研究所的考古工作队来到这里，在集安市博物馆的协助下，对山城子进行了全面测绘、调查和试掘。2001—2003 年，考古工作队对山城城垣做了系统调查，包括城门的数量、城门的位置、城内遗存的情况和分布等。丸都山城是凭借自然山势的走向构筑城垣，城墙高低起伏。在山崖陡峭险峻处筑低矮城垣或不筑，在山脊平缓处高筑城垣，使城外高墙绝壁，增强防御能力。山城北高南低，形若向南倾斜的“簸箕”。城垣呈不规则的长方形，周长 6347 米。

防御之城

巧妙的布局、完善的设施让专家倍感意外，结合山城所处的显要位置，专家们意识到，这座城显然是一座防御之城。国内城是平原城，距离 2.5 公里的丸都山城是军事卫城。它有个瓮门，瓮门是为了增强城市的生存能力而发明和修建的一种军事设施。正常来讲，前面就是两个山脚，它在山脚上直接连起来就是 一道很险要的关隘。但是，当时的高

丸都山城一号门

丸都山城二号门

句丽人为了增强城市的防御能力，有意识地在这里把城门向山谷内收缩，形成一个半包围的口袋阵。一旦敌人进攻丸都山城在这个地方的敌军将受到三个方向交叉火力的打击，能够有效增强山城的防御能力。

前边要是防御起来很难攻破，但后来毌丘俭攻破了一次，“束马悬车，以登丸都。”此外，慕容皝也登过一次丸都。也就是说即使这个城墙再坚固，军队要打还是可以攻破的。但是相对保卫平原城，丸都山城比平原城更坚固一些，平原城更容易被攻破。所以一到战争的时候，王就领着平原城的臣民们退守山城。

千年前的战鼓仿佛依旧隆隆作响，长达 400 多年里，聪慧的高句丽人一次次筑牢城墙，驱走内心的不安，更铭刻了高句丽政权的更迭兴衰。时光流转，历史的车轮来到 21 世纪初。针对丸都山城的考古发掘还在紧张而有序地进行，而接下来的发现，又将为丸都山城做出何种全新解读呢？ 在发掘工作进行的过程中，考古人员经过仔细辨认，发现这座城有 10 处城门址，除 1 号门址属平地起筑外，其余 9 处门址均分布于山坡或山顶的战略防守要点。以宫殿址为核心，7 个城门，构成了山城的主要军事防御体系。防御之城的论断，被确定无疑。

放眼望去，极具高句丽特色的山城城墙均筑于山脊之上，依山势走向而建，城墙外侧陡峭，城内山坡平缓，向阳避风，巧妙利用了自然山体高度，起到较好的防御效果，山城易守难攻，尤其是沿高山环绕一周呈闭合状，古高句丽人的智慧充分体现。

山城东墙、北墙西段、西墙北段保存较好，高处可达 4~5 米，由 20 余层修筑工整的长方形和方形石条构筑，结构严谨。石材一般长 40~90 厘米，宽 20~50 厘米 ，厚 10~30 厘米。自下而上，逐层内收，上部筑有高 1 米左右的女墙，女墙内壁下部有一排柱洞，相距 2 米左右。

石块构成了整个城墙，在没有任何黏合剂的情况下，它历经千年依旧保存完好，这引起了专家们的注意，其中的奥秘是什么呢?

专家决定对一段城墙进行解剖，经过仔细研究，原来每一个石块都有明显的修凿痕迹，经过巧妙地雕琢，众多石材才得以互相咬合，浑然一体。城墙内部的石材都经过人工修凿，大体上呈两头尖，中间粗的梭形。这种石材互相之间犬牙交错，增大它们的接触面积，利用自身重量产生的摩擦力保证了城墙的稳固，保存至今天已经 2000 多年了。为了防止敌人对城墙的攀爬，在它的外表又采用楔形石，所谓的楔形石，就是呈楔状的石块外表修凿平整，砌筑城墙的表面。而为了防止山洪的侵害，丸都山城在城墙多个部位都修筑有排水设施。

丸都山城的修筑很精良，比如它的瞭望台的转角修磨成弧形，打磨得非常光整；又如在它 1 号门址两侧发现的角台的转角，修筑非常精良，体现出高句丽人完整的规划理念，他们以这个城内的宫殿址为核心，以 10 座城门为防御重点。体现了高句丽的人工建筑与自然环境的完美结合，完全可以说是这一时期高句丽建筑工艺和建筑技术最高水平的一个代表。

精心修筑的城墙，装点着眼前的山水，守护着几代王朝，庇佑着勤劳的子民，古高句丽人的勤劳和聪颖可见一斑。那么，远离外敌侵扰的城内，又是怎样一番景象呢?

丸都山城宫殿址全景

宫苑之制

除了门址，考古人员还清理了城内的蓄水池、宫殿址、瞭望台、戍兵营房等遗迹，发现了一批珍贵的文物。通过这次考古工作，基本上对城址的年代、性质、规格有了一个真正科学、准确、系统的学术认识。

城内发现的建筑遗迹最重要的当然是宫殿址了。宫殿址是在 2002 年发掘和清理的，它处在城内南部西向的一个坡地之上，也是现在城内相对平缓的一个区域。作为宫墙的环围，那里面的四层阶地上分布有由下至上、由西向东的四组建筑。当然不是说里面一共只有四个建筑，这四个台地上大概有不同类型、不同形制的建筑 10 多组。上边的两层应该是当年的后宫，另外还有厨房。在它的角落里还有一座望楼或者是钟鼓楼一类的建筑。第二层阶地，就是当年高句丽王在这里面议事用的一个大殿。当年的高句丽王就是在这个大殿中发号施令。当时国家的方方面面，如关于民生、经济等决定，都是在这里做出的。在这里边能够看到大型的柱础石。另外，为了防止殿内积水，在它的下面还设置有排水沟，下雨的时候，这些积水会从排水沟两边排到宫墙之外。最下边的一层阶地应该是官署衙门一类的建筑。它的门现在发现了两个，都是在西墙上，朝西。然后在它的宫殿址内部，包括宫墙的东侧上坡处，也都有各种排水设施。宫殿址的外围在发掘的时候，也发现了很多建筑用的建筑构件，而且从它出土的这些瓦当来看，不管是规模的大小，还是纹饰的精美程度，做得都比较精良，等级很高。至于瓦当的特点，它的造型风格，总体上具有高句丽的特点，是那种边轮很高，高浮雕的瓦当。这个瓦当的纹饰特点，与这一时期总体的纹饰特点基本是相符的，以兽面瓦当、莲花纹瓦当为主，瓦当的纹饰特点与平地之上国内城的瓦当纹饰特点基本上是相符的。不管是在纹饰还是造型风格上都基本一致，二者共同作为高句丽的中期王都，也是提供了一定的佐证。

有了高大的城墙、宏伟的宫殿，高句丽王族就真的能够高枕无忧了吗？随着发掘工作的不断深入，宫殿址下方一处瞭望台赫然出现在眼前。

瞭望台是山城内很重要的一处军事设施。当地老百姓曾经给它取过一个俗称，叫作“点将台”。因为当发生战争的时候，看守瞭望台的士兵们站在瞭望台上面，能够及时发出警报。在战争进行当中，高句丽的军事指挥官们就可以站到瞭望台上面，观察城外敌军的动向，及时调动城内的防御力量，能够提升整个山城的防御效率。在瞭望台遗址的后面还有一处戍卒居住址，就是驻守瞭望台的士兵们居住的地方。

公元 28 年，也就是高句丽第三代王大武神王十一年的秋天，一支训练有素的汉军有条不紊地集结城下，准备进攻高句丽王城。

王城之内，大殿之上，高句丽王迅速召集群臣，商讨对策。由于粮草殆尽，形势危急，将领们不敢有一丝懈怠。粮草不足，城内的高句丽人就在想怎么样能够解决这次围城之患。高句丽的左辅乙豆智想出了一条计策，他派人在水池里面养了几条观赏性的鲤鱼，再把它们捞起来，用柳树枝穿上，又找到了几坛美酒，派一个使者送到了山下的汉军的军营当中。这个使者首先向汉军的将领请罪，然后说：“寡人愚昧，获罪于上国。致令将军率百万之军暴露敝境。无以将厚意，辄用薄物，致供于左右。”意思是他们的大王啊，一时头脑糊涂，结果害得将军带领这么多士兵风餐露宿，但是这里穷乡僻壤没有什么好东西，一点小小的礼物不成敬意。我们再来看看礼物，乙豆智送的这些礼物非常有深意。首先，他送的鲤鱼说明城里边有充足的水源；送酒说明城里面有粮食。实际上他是想告诉汉辽东军将领，我们城内粮草充足，不怕你们继续围困。凭借聪明的才智，高句丽人骗过了汉军，免去了亡国之祸。可历史的车轮终不会永远遂人所愿。公元 427 年，迫于战乱纷扰，高句丽第二十代王长寿王迁都平壤。

时隔千年，当年的蓄水池虽已不复往日的规模，却孕育出了眼前的这池莲花，日日涟漪，永不干涸，智退汉军的传说传诵至今。丸都山城，守护了高句丽 400 多年的历史沧桑，除留下眼前这些古老城池、赤壁铜墙外，也给世人留下了一部庞大的史书。

狐首之思

今天，当人们驻足山巅，依旧可以看见大量墓葬群汇聚于山下，带着古高句丽人对先族的无限崇拜，久久守望着曾经的山城。

因为这个墓葬种类比较齐全，数字也比较大，而且比较集中，现在经过维修以后，形成了一个露天的高句丽古墓博物馆。这个古墓博物馆可以供给学者去研究各种类型的高句丽墓葬及其分布排列情况，同时也可以使游人来了解丸都山城下边原来有这么多为保护丸都山城，甚至在这里面生活的人，故去的墓葬。

丸都山城在公元 342 年被废弃（毁于战火）。之后，有很多高句丽人看这里山清水秀，景色也非常优美，于是陆陆续续开始在城外或者是城内修建墓葬。现在山脚下的这一片土地，从东边开始，从几个大积石墓，一直到西边的几个串墓，在很小的范围内，高句丽的古墓葬就达到了 431 座。像这种墓葬，它的分布密集程度世所罕见。而且这些墓葬的形制有积石墓、阶坛积石墓、方坛积石墓、封土石室墓、封土洞室墓等，可以说涵盖了高句丽所有的古墓类型，是一座天然的高句丽古墓博物馆。

丸都山城环山为屏，山腹为宫，谷口为门，充分体现了中国传统的建筑理念。山城防御坚固，城内宽敞自如，环境优美，建筑、军事、生活、生产与自然环境浑然一体，首创了与自然环境完美结合的“簸箕形”山城的建筑模式。这种因地制宜的创造具有浓郁的民族特色，是高句丽民族建筑才华、筑城理念的充分展示，其在丸都山城营造方面的奇思妙想，使其成为中世纪都城建筑的杰出范例。丸都山城位于集安城北的高山上，与国内城相距 2.5 公里，是高句丽早、中期的著名城址之一。它既是国内城的军事守备城，又曾作为高句丽王都使用，在高句丽历史发展进程中起到过重要的作用。丸都山城与国内城相互依附，互为都城，开创了东北亚地区都城构建的新模式，形成了世界王都建筑史上附合式王都的新模式，为世界古代都城史书写下了壮丽的篇章。

时空流转，风雨千年，虽然恢宏的建筑早已荡然无存，但高耸的断壁残垣里，雄伟的气势犹在。这是高句丽民族建筑才华、筑城理念和卓越智慧的完美呈现。

丸都山城瞭望台

太王陵

高句丽王城外，在群山环抱的洞沟平原上，现存近 7000 座高句丽时期墓葬汇聚于此，堪称东北亚地区古墓群之冠。这些墓葬饱经风霜，神秘深邃，在历史的更迭中，宣示着属于一代代高句丽王及王室贵族们的辉煌荣耀，让世人得以窥探到这个神秘民族的真实生活。

一代雄主

公元 4 世纪中后期，高句丽政权一度被前燕和百济接连重创，契丹也曾在 4 世纪后期对其发动袭击。在外忧不断的情况下，高句丽的小兽林王继位后，对外采取了避免战争的策略，恢复国力。同样，小兽林王之后的故国壤王也延续了先王策略，休养生息，两代高句丽王的保守政策也带来了暂时的安稳，似乎这一切看起来都已风平浪静。然而，人们没有想到，新一代高句丽王的降生，似乎注定了这个神秘的民族政权将要开始不一样的经历。

公元 374 年，伴随着王宫里的一声啼哭，一个男婴呱呱坠地，他就是故国壤王伊连之子高安，又名谈德。隐忍、休养生息的政治时局伴随着谈德的成长，也练就了他坚忍的性格。东晋孝武帝太元十六年，也就是公元 391 年，刚刚成年的谈德终于登上王位，这预示着他将用手中的利刃，将高句丽推向全盛时期。好太王的统治时期相当于中原王朝的东晋时代，是高句丽政治、经济重要的发展时期。他即位后，重组了军队，并对精锐部队和海军进行重新训练。他北攻夫余，迫使夫余俯首称臣；西占辽东，完成高句丽十几代统治者的梦想；南征百济，将高句丽的势力扩展到汉江流域。谈德在位期间，开创了高句丽的鼎盛局面。在《海东古碑》中我们提到，好太王死后，其子长寿王即位。为了铭记好太王一生的赫赫战功，长寿王于东晋安帝义熙十年，即公元 414 年，为父亲树立了这座举世闻名的石碑——好太王碑。好太王碑的文字中，对这位高句丽雄主的生平有着详细的记载。

王陵疑云

好太王碑在此，是否意味着这位伟大的高句丽王的陵墓也在不远之处呢？俯瞰集安，高句丽时期的墓葬遍布。距市区东北 4.5 公里的龙山脚下，一座巨大的陵墓建于此地，它北依龙山，西对禹山，南面是一片向阳的坡地，居高临下，视野开阔，被当地人称为“将军坟”。

巧合的是，这座墓葬恰恰与好太王碑正面相对，遥相呼应，貌似有着不为人知的必然联系，可碑与陵之间相距 1 公里之遥， 它是否就是人们要找寻的好太王的陵墓呢？种种猜测，为墓葬的身世披上了神秘的面纱。

赞同这种观点的学者认为，将军坟的墓道口是朝南的，正好是在太王碑的北侧，两者朝向相合。另外，将军坟是目前集安地区发现的，构筑最为精良、设施最为完备的高句丽大型积石墓。文献中有记载，这时高句丽的第二十代王——长寿王，就已经迁都到了平壤。但文献中又没有关于高句丽王回葬的这种记载，所以葬在集安的最后一代王应该是好太王。那么，将军坟也应该是好太王的陵墓。

将军坟会是好太王陵的陵墓吗？显然，这受到另一部分学者的质疑，因为就在距离好太王碑仅 300 多米之处，坐落着一座更为巨大的坟墓！

太王陵与好太王碑航拍

它没有将军坟保存得完整，因年代久远，阶坛已经向外扩张变形。

其实在好太王碑拓本的问世之初，人们就注意到了这座近在咫尺的高句丽大墓。最早的文字著录见于清光绪二十一年，也就是 1895 年，奉天军粮署同知王志修《高句丽永乐太王古碑歌考》一书中说：碑西里许即其陵。有砖隶书“愿太王陵安如山固如岳”十字。对于铭文砖的解读，毫无疑问，让部分人确信，好太王碑 300 多米开外的这座巨大墓葬就是高句丽一代雄主好太王的陵墓。然而，一时间，学者们之间还是分歧不断。有学者认为，“太王”和“大王”是一样的，这些高句丽王都可以称大王，因为没有好字。一字之差，谬以千里，历史的真相变得更加扑朔迷离，这位伟大的君王的陵墓究竟在何方？是邻近好太王碑的这座巨大陵墓，还是 1 公里之外的那座“将军坟”呢？

铜铃现世

时间来到 2003 年，终于到了揭晓谜底的时刻。为了配合集安市申报世界文化遗产工作，由吉林省文物考古研究所主持对集安的高句丽王陵和重点墓葬进行了一次全面、仔细的调查和测绘。这一天，考古工作队来到位于好太王碑 300 余米开外的这座大墓之前。他们要重新对它进行复查和测绘，所有人都期望找到更多证据，来证明这里就是太王陵。考古工作从 4 月开始到 7 月底结束，考古人员先后对墓下落石、墓上阶坛、盗坑和墓域做了局部清理和解剖，并在墓周更大范围内做了陵园遗迹的探查。这次复查共清理出土了金饰、铁器、铜器、鎏金器、瓦件等千余件，考古工作人员也对墓葬结构及陵域情况有了进一步了解。

就在这一天，惊人的发现让所有人为之兴奋，一件铜铃赫然出土，那一刻，像是一锤定音，让所有疑团尘埃落定！这个铃口呈椭圆形，侧视呈梯形，顶面中间一梁钮，旁侧有一圆孔，合范铸造，中铸缝犹存。铃口长径 2.9 厘米、短径 2.5 厘米、壁厚 0.2 厘米、通高 5.2 厘米。铃口为圆形，平顶，铃钮已残，表面亦有锈孔。铃上錾有四行竖书铭文，每行三字。铭文较清晰，可识出“辛卯年，好太王，□造铃，九十六”共12字。“造”前的字上部一横清楚，其下难辨。据好太王碑记载，好太王“二九登祚，卅有九，宴驾弃国”，由此可知，戎马一生的好太王18岁登基，年仅39岁便与世长辞。根据推算，好太王继位的那一年恰恰是辛卯年，也就是说，在他成为高句丽王之后，便着手造铃。此前即使造铃，铃上不应有好太王之号，此后造的铃，上面又不应有辛卯年款。出土的铜铃上同时刻有“辛卯年，好太王”六字，绝不是巧合。

太王陵铭文铜铃

这座大墓出土了“辛卯年，好太王”铭文铜铃，出土了“愿太王陵安如山固如岳”铭文砖，再加上与好太王碑位置接近，以及陵墓本身巨大的体量、完备的形制、广阔的陵域等因素，考古工作者认定这就是太王陵。高句丽历史上最伟大的王之一——好太王，正是安葬于此。

太王陵远景

雄伟陵墓

揭开了太王陵的神秘面纱之后，我们来一睹它恢宏的气势。

好太王的谥号特别长，叫“国冈上广开土境平安好太王”。他的谥号中的“国冈上”三个字，指的就是陵墓的所在地。太王陵坐落在禹山南麓山前台地的一个小丘之上，墓边海拔 198 米，四面为漫缓斜坡，视野极为开阔。太王陵是一座大型阶坛积石石室墓，外观看起来是阶梯式金字塔形结构，边长为 62 ~ 68 米，现存高度 14 米，它的规模比长寿王陵要大得多，长寿王陵的边长是 31 米。太王陵的阶坛可见 8 级，由下

太王陵航拍

自上逐渐内收，上下级阶坛之间内收约 1.5 ～ 1.8 米。每一级阶坛又有若干层砌石，第一级阶坛最多有 8 层砌石，而最上部的第八级阶坛仅可见单层石条。砌筑时先用经过加工的巨大石条围砌出阶坛边框，内部以砾石填充，表面平齐之后再砌筑上一层阶坛。底层石条加工精细，体量巨大，多数长在 2 米以上，最长可达 3.2 米。不仅如此，石条的外缘还修凿有一道凸棱，上层石条卡在下层石条的凸棱之内，这样不仅使上层石条不易滑落，还使外观看起来层层收分，整齐划一。但不是所有的石条都加工得如此精细，上层的阶坛石加工得就不如底层石条精细，石材规格也“缩水”了不少。从现有高度和内收程度判断，原阶坛应不止 8 级。

在墓南侧底层石条上，发现了錾刻有“工”字的记号，这个“工”字代表的就是陵墓的中线。从这个“工”字中间的竖线延伸到它的墓室，正好就是这个陵墓的墓室中线。可见这座陵墓在当年建造的时候应该经过了科学和合理的设计。

墓顶为一处平台，平台正中凸起的部分即为墓室。墓室内有一座石椁，这个石椁放置在墓室当中，和墓室的大小基本一致，由榫卯结构组装成的两坡水式屋宇造型。石椁制作精细，边缘整齐，复原后由 17 块石材组成。石椁内有两个石棺床，一个高一个低，应该就是放置好太王和王后棺椁的棺床。

除了墓葬本体之外，还有一些附属设施，如护坟石、散水、排水沟、涵管等，有的甚至在墓葬主体构筑之前，便已设计并完工。太王陵体量巨大，近 3 万立方米石材的巨大压力，以及千余年水浸冻融造成的士质变化，使阶坛外张变形。如今，太王陵的东北、西北两个角，已经向外移出较大距离，加之因早年盗墓贼对墓室的破坏，致使太王陵外形有了很大变化。即使是这样，也很难想象，在 3 万立方米巨石的压力之下，太王陵是如何走过了千年历史，又是如何抵消了巨大的外张力？为了抵消这个外张力，太王陵的一周环绕着一圈巨大的护坟石，现在仅存 15 块，最大的一块高 6 米，重约 60 吨。护坟石以较大的一端着地，上端斜压在阶坛石之上，其原有摆放应是四面基本对称，因墓葬南侧地势较低，放置在墓葬南侧的护坟石普遍体量更大，墓葬四角的两边都有护坟石拱卫，这也体现了设计者对墓葬南侧和角部防护的重视。历经千年的风雨，即使在这种巨石的保护之下，太王陵的阶坛仍然出现了外张变形。可见，这种由内向外的张力是多么强大。

在太王陵的周边，还发现了祭台、陪葬墓、建筑台基、陵墙等陵园遗迹，都显示了其在高句丽石陵中的地位。每一位参观过太王陵的人，除了惊叹于它的宏伟之外，可能都会发出这样的疑问：修建陵墓需要大量的石材，而这些石材都是从哪儿来的呢？学者们认为从高句丽王陵的石材的质地、颜色各方面来看，应该来自集安市西北约 20 公里的五女峰采石场。关于石材的搬运和运输，目前推测，当时的人们是冬天利用冰，夏天利用滚木的办法来运输石材，因为每座护坟石的规格确实很大，有的甚至用了大的整块石材，可能重量达到了几十吨。《三国志 · 高句丽传》记载：“男女已嫁娶，便稍作送终之衣。厚葬，金银财币。尽于送死，积石为封，列种松柏。”“尽于送死”，即是倾其所有，由此可见高句丽人对于丧葬的重视程度，可以说是不遗余力地坚持厚葬。

防盗与被盗

既然高句丽人有厚葬习俗，好太王又是一代雄主，他的墓葬必然有丰厚的陪葬品。那么陵墓的设计者做了哪些防盗的措施呢？防盗效果如何？一千多年的雨雪风霜中，太王陵究竟经历了什么？

首先，墓室砌筑的结实坚固，墙体有内外两层，砌筑得十分规整。学者们根据现状推测，墓室可能并非简单地砌筑于墓顶或阶坛填石之上，而是另有基础。墓室内部放置的石椁紧贴墓室的内墙，不同部位的石椁厚度不同，大多在十几厘米以上，这无疑又增加了一层保障。其次，甬道封堵得十分严密，封堵的石条多数加工成头大尾小的长方体，封堵时以宽大的一端向内，沿甬道方向顺置摆放，很难从外面抽动石条。最后，整个墓室之外还有厚厚的封土，现存墓顶之上的封土仍厚 1 米左右，更加增添了盗掘的难度。

但是太王陵仍然遭到了盗掘，太王陵的墓道朝西，而当年盗墓者没有找到它的墓门所在。于是盗墓者按照一般王陵的特点，认定它的墓道口开在南面。他们拆毁了厚约 5 米的墓室外墙后，从墓室东南角捣毁了墓室内墙，从南壁上部进入墓室，拆除了内墙之后，又遇到了石椁，盗墓者又砸碎了石椁后才进入内部。1990 年文物工作者对太王陵墓室进行清理时，在 2 米厚的碎石和淤土中收集到 300 余块石椁残片，除了底座和部分壁石尚在原位，其余则胡乱弃置于墓室内外。我们现在看到的石椁是后期复原的。

在 2003 年的考古复查和勘测中，要将整个陵墓上的覆土清理掉，因为很多覆土是后期形成的，将其清理掉之后才能完整地揭露出墓葬原本的结构。所有的覆土都要进行过筛，发现遗物都要全部采集，结果在筛的过程中发现了很多珍贵的文物，比如鎏金步摇的摇叶片，有的直径在 1 厘米左右，跟土混合在一起，仅凭肉眼难以发现。在清理墓葬南部第二块护坟石附近的时候，发现一块石板不在它的原位，把石板挪开后，在石缝当中发现了 30 多件金器和鎏金器，其中最珍贵的是 10 件鎏金案足。所谓案足，就是桌子腿，它外观呈马蹄状，这在高句丽考古中是首次发现。还有 1 件鎏金幔帐架，后来经过复原伸展，它的长度达到了 2.6 米，当时是有意把它弯折成团之后塞起来的。这可能是盗墓者盗出了这些文物以后，其中的某个人存有私心，想要自己藏起来一部分，就把它们藏在这个石缝当中，之后还做了伪装措施。他可能把一块石板放在这里，将石缝挡住，但之后不知何故没能取走，这才让这批珍贵遗的物重见天日。

无独有偶，麻线墓区的西大墓，还有七星山墓区的七星山 211 号墓，整个墓葬从中间被一条大沟劈成两半，明明是一座墓，但是变成了像两个石堆一样。有学者推测，因为这些王陵的体量非常巨大，不应该是普通盗墓者所为，可能与慕容鲜卑两次征伐高句丽，盗掘高句丽王陵有关，这种盗掘不只是为了经济利益，可能更多是出于对高丽民族的一种威慑。

虽然这些盗掘行为使后世的我们难以看到这些珍贵遗产的全貌，但文物工作者对于太王陵的保护和研究一直在进行。2004 年，太王陵与好太王碑一起被纳入《世界遗产名录》，随着人们对太王陵的有效维修和保护，高句丽丰富的文化内涵的轮廓正逐渐清晰。

时光飞逝，岁月如梭，历史的脚步一晃已越过千年。

集安大地上，好太王陵和其他高句丽墓葬群一道，已成为历史长廊中一个辉煌民族的不朽剪影，更是中华民族无价的文化宝藏。不难想象，千年之前，太王陵作为原本筑有多级阶坛，边长 60 米左右的方形墓葬，该是何等壮观。而眼下，它却像一位垂暮者，用尽力气维护着一代高句丽王的威严。

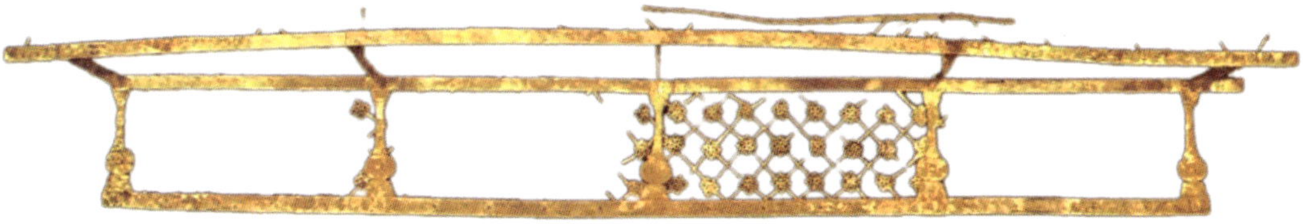

太王陵出土的鎏金铜幔架

太王陵出土的鎏金铜冠饰品

海东古碑

在吉林省集安市太王镇矗立着一座历经1600多年的古老古碑，它穿越时空，饱经风雨，用文字向人们诉说着千年前的文明与史话，再现了一个古代政权的兴盛与强大、灿烂与辉煌，这就是有着“海东第一古碑”美誉的好太王碑。

古碑的“前世”与“今生”

历史的车轮滚滚向前，时间回到东晋孝武帝太元十六年，也就是公元391年，高句丽政权的第十九代王继位，高句丽政权也迎来了最辉煌的时代。这位国王名安，也称谈德，号永乐太王，是高句丽第十八代国王故国壤王之子，《三国史记》记载其“生而宏伟，有倜傥之志”。谈德即位后，革新政治，发展经济，对外征伐，开疆拓土，使高句丽政权空前强大。然而，21年后，戎马一生的谈德于东晋安帝义熙八年，也就是公元412年与世长辞，年仅39岁，死后谥号为“国冈上广开土境平安好太王”。好太王死后，其子长寿王即位。为了铭记好太王一生的赫赫战功，明确守墓烟户及其制度，长寿王于东晋安帝义熙十年，即公元414年，为父亲竖立了这座举世闻名的石碑——好太王碑。

时间快进到250余年之后，公元668年，在大唐王朝的铁骑下，高句丽政权消失在历史的烟尘中，这块战功之碑也淡出了人们的视线，淹

好太王碑旧照

好太王碑

没在荒烟蔓草之中，逐渐为世人所遗忘。

到了清光绪三年，也就是公元 1877 年，怀仁县（后改为桓仁县）县令书启、金石爱好者关月山发现了好太王碑，使得高句丽曾有的灿烂文明重新为世人所知。好太王碑被重新发现时，附近几无人家，杂草丛生，碑身长满青苔，这些青苔在一定程度上隔绝了风吹雨淋，防止碑体风化，同时也几乎淹没了碑身之上的文字，使完整地捶拓碑文变得极为困难。为了清除苔藓，人们起初使用牛粪马粪涂抹碑面，待吸干了青苔的水分，再浇上桐油，点火焚烧。此法虽然清除了苔藓，但碑体也有多处烧裂，局部酥解脱落。而之后长久且频繁的捶拓使碑身文字棱角磨损，甚至脱落，于是工匠以石灰涂抹碑面不平之处，修补文字，以便捶拓，这不仅破坏了碑身，还对之后的考释和研究造成了一定困难。

1961 年，洞沟古墓群（包含好太王碑）被国务院公布为第一批全国重点文物保护单位。之后文物部门开展了一系列保护工作，对好太王碑进行全面的现场调查和观测，清洁碑面，剥离残存白灰，对焚烧残损部分进行粘接，对表面进行封护加固，更换碑体之外的保护碑亭。通过这一系列保护措施，好太王碑碑面白灰仅存零星斑点，仅影响十余字碑文，碑面经过化学防护后裂隙未再加大，酥解脱落也得到了很大程度的缓解。

2004 年，在第 28 届世界遗产委员会大会上，中国集安高句丽王城、王陵及贵族墓葬被列入《世界遗产名录》，在全部 44 处单体遗产中，包含洞沟古墓群 41 处主要墓葬和好太王碑。自此，这座古碑正式成为世界文化遗产，在饱经风雨后重新焕发光彩，熠熠生辉，名扬海内外。

下面让我们一同领略这座海东第一古碑。

好太王碑的碑身是由一整块天然的角砾凝灰岩稍加修琢而成，呈不规则方柱形，高 6.39 米，底部宽 1.34 ～ 1.97 米，重 37 吨左右，这种规模的巨碑在国内外都非常罕见。中原大地自两汉以来流行；圭形碑，碑顶尖，下方呈长方形。很显然，从立碑的形式和特点来看，这巨型石方柱完全和中原的石碑大相径庭。这位君主的性格喜好，他的特立独行，为后人带来了无尽的遐想。好太王碑的基座是一块 2.7 米乘 3.55 米的不规则花岗岩石板，由于碑身较重，基座已经被压裂为三部分，中部下沉约 5 厘米。让人费解的是，如此体量的巨碑仅仅是立坐于基座之上，既没有榫卯结构，也没有外部支撑，是如何经历 1600 余年依然屹立不倒的？通化师范学院高句丽研究院的耿铁华教授参与过好太王碑的保护维修工作，从事多年好太王碑的研究。据他介绍，早年为了解好太王碑的基础结构，加强保护，曾在修筑水泥明台前对基石西北部地层进行过科学探测。好太王碑的基础是由两层基石构成，第一层基石露出地表，最厚处有 63 厘米，之下为 13 厘米厚的黄土砂石层。再下为第二层基石，是一整块 50 厘米厚的花岗岩石板，石板之下有 30 厘米黄砂土砾石层。这种双层基石构造稳固坚定，对于震动和冲击有较强的抵抗能力，保证了好太王碑屹立不倒，也让我们由衷赞叹古人的智慧。

环顾碑身，四面皆刻有碑文，上面所刻的都是汉字，字体是隶书，以细线界格分 44 行，文字右起竖书，除去行文及碑石缺损空刻，总计四面共有 1775 字。因为年久风化，还有一些人为破坏，目前可辨认的文字有 1590 字左右。碑文布局严谨，镌刻方正，笔画工整，字体端庄，拙朴遒劲。这些文字是研究汉魏之际高句丽政权形成和发展的最重要的实物资料，毫无疑问，其已经成为我国碑刻艺术宝库中的稀世珍品。

神话、战功与遗言

遍布在各式文物上的文字是传递信息的最直接载体，也是学者们认证古代文献记载的重要抓手。神秘的古碑究竟书写了怎样的历史？又是如何描述高句丽国的一代雄主的呢？纵横交错的刀锋间，又刻画了高句丽民族的何种风姿？

好太王碑所记载的内容大致上可以分成三个部分。

第一部分属于碑文的开篇部分。主要介绍的是高句丽始祖的来历，建国的神话传说，前三代王之间的传承和好太王的简要生平，还有立碑的原因。开篇就是“惟昔始祖邹牟王之创基也，出自北夫餘。天帝之子，母河伯女郎，剖卵降世，生而有圣德。”也就是说，高句丽始祖第一代王叫邹牟王，他在创立这片基业时，是从北夫余来的。这里提到的夫余，是两汉时期东北地区最强盛的少数民族政权，活动范围主要在今天长春以东的吉林市一带。第一代王邹牟王可不是普通人，他是天帝的儿子，母亲是河神的女儿。如此高贵的出身，让他与众不同。他的出生是剖卵降世，刚生下来的时候是一颗肉蛋，把蛋剖开了，里面是小孩，说他生而有圣德。他长大后，有一次向南方出行，也就是碑文当中提到的“命驾巡幸南下，路由夫餘奄利大水。”这个叫作“奄利大水”的地方，根据专家的考证，应该是在今天的第二松花江附近。邹牟王被一条大河拦住去路，于是他站到河边上说，我是天帝之子，母河伯女郎，邹牟王，为我连葭浮龟。话音刚落，河里的鱼鳖虾蟹纷纷衔着水草浮到水面上，为他搭建了浮桥。邹牟王就样顺利渡过了奄利大水，继续南行。这一段，充满神话传说的色彩。古代君王为更好地统治疆域和臣民，往往自带附魅功能。为表明自己“君权神授”“真龙天子”的权威性，也在刻意修饰神化来包装自己。

之后碑文当中提到“然后造渡，於沸流谷，忽本西，城山上而建都焉。”讲的正是高句丽始祖来到今天辽宁省桓仁县境内，建立政权，国号高句丽。根据史料记载，时间是公元前 37 年。邹牟王之后王位传承给了儒留王和大朱留王，这就是高句丽的前三代王。根据《三国史记》记载，高句丽始祖是东明圣王朱蒙，然后是琉璃明王 / 大武神王，好太王碑记载的这三个王的传承和文献是一致的，所以好太王碑证明了《三国史记》记载的王系是比较准确的。

第二部分记录了高句丽第十九代王——好太王一生戎马，南征北讨，开疆拓土的战事和军事行动。碑文对这些战争和军事活动的前因后果、战役的经过做了充分的说明，而且对好太王一生的战功做了统计。好太王 18 岁登上王位，号为永乐太王，39 岁与世长辞。在他执政期间，经历了八次比较大规模的战争和军事活动。八次军事活动，其中两次是军事巡逻，六次是征战。征战主要内容就是帮助新罗击退百济和倭。新罗和百济是朝鲜半岛南部的两个国家，倭是日本列岛上的国家。好太王时期，倭人多次渡海侵扰新罗、百济，并与百济联军向高句丽南部边境进犯。碑文记载，倭于辛卯年来渡海，然后破百残，其实是制服新罗，新罗就请求好太王来帮助他，好太王帮助他打败了百济，驱逐了倭寇。根据碑身当中记载，好太王通过一系列战争，一共夺得城市 64 座，村庄 1400 多个，牛马群羊更是不计其数。那么，64 座城对高句丽有着怎样的意义呢？根据《旧唐书》记载，高句丽政权灭亡时，一共有 176 座城，至少三分之一的土地是好太王攻打下来的，可见他对高句丽的贡献有多大。

“恩泽洽于皇天，威武振被四海。扫除不侒，庶宁其业，国富民殷，五谷丰熟。”千年前的文字跃然碑上，好太王对内锐意改革，对外开疆拓土，一生的文治武功可见一斑。他用赫赫战功，确立了高句丽作为东北亚强国的地位，从而开启了高句丽历史上最辉煌、最强大的时代。高句丽也成了当时东北亚地区疆域最为辽阔、国力最为强盛的政权。其子长寿王因其父无与伦比的成就，为其竖立了举世瞩目的好太王碑。

第三部分记录了守墓烟户制度、“国烟”“看烟”的分派和好太王的“存时教言”。据碑文记录，好太王不仅留下了不朽的功绩，也留下了一个重要的制度，就是守墓烟户制度。烟户，一般指生火做饭时冒烟的人家，凡有一处锅灶或火塘者算一家。守墓烟户制度属于陵墓的祭祀和与管理有关的制度，陵墓在修建之后，要有人去做一些日常洒扫、看护的工作，由官方指派担任看守坟墓之职的人家就是守墓烟户。高句丽把守墓烟户称为国烟和看烟，虽同为烟户，但称谓不同，说明他们的来源、居住环境、所操之业、所司之职等方面可能也有不同。碑文中记载的守墓烟户，有国烟 30 家、看烟 300 家，共 330 家。国烟的身份比看烟略高，其比例关系为以 1 ∶ 10，即 1 家国烟，有相应的 10 家看烟，这也成为高句丽社会组织结构的缩影。“国冈上广开土境好太王存时教言，祖王先王但教取远近旧民守墓洒扫。吾虑旧民转当羸劣。若吾万年之后，安守墓者，但取吾躬巡所略来韩秽，令备洒扫。言教如此，是以如教令取韩秽二百廿家。虑其不知法则，复取旧民一百十家。”为了使新来韩秽 220 家烟户了解守墓规则，让旧民 100 家烟户为他们示范。此外，碑文中提到“自上祖先王以来，墓上不安石碑，致使守墓人烟户差错。唯国冈上广开土境好太王尽为祖先王，墓上立碑，铭其烟户，不令差错”，说明高句丽的守墓烟户制度“自上祖先王以来”就存在了，而且不只是高句丽王的陵墓才有，《三国史记》中也有记载，特别是高句丽的一些重臣，有可能也会配有守墓人，负责陵墓日常维护。但后来守墓烟户出现了管理混乱，时有差错的情况，有一些烟户可能其已经身份变了，或者有一些变卖和移动，这种状况导致了高句丽王陵日常维护出现了问题，所以好太王重新对守墓烟户制度进行了规范。“好太王存时教言”，好太王活着的时候告诉我们，自上祖先王以来，墓上不安石碑，致使守墓人烟户差错。从他开始立碑。所以碑上，他儿子刻道：“唯国冈上广开土境好太王，尽为祖先王墓上立碑。”这说明好太王活着时就给他前一代王立了碑。碑文的最后一部分记载，“又制守墓人自今以后不得更相转卖，虽有富足之者亦不得擅买。其有违令，卖者刑之，买人制令守墓之。”作为法令规定了不得买卖守墓烟户，违令者会受到相应惩罚。

好太王碑的碑文所包含的信息巨大，这不仅是为高句丽一代王树碑立传，更是高句丽历史和王室家族重要的档案资料。

海东第一古碑

通观好太王碑文字的雕刻风格和技法，有学者认为，第一面和第三面是同一人所刻，第二面和第四面是同一人所刻。第一面和第三面技法更熟练，文字的笔画更细腻。第二面和第四面，字形就相对粗糙一些，笔画更粗，字形有个别地方走形。推测可能是师傅带着徒弟一起完成的碑刻。除好太王碑外，目前发现所有高句丽遗迹中的文字都是汉字，这也说明了当时高句丽人将汉字作为日常文字使用，可能个别读音不太一样。汉武帝设四郡之时，高句丽隶属于玄菟郡。深受汉的政治、经济、思想、文化的影响和统治。在作为汉的居民编户 70 多年之后，高句丽才建立了属于自己的政权，类似于汉代边境地区的封国。因此，高句丽的习俗、政令，包括生活器具的使用，都和汉文化有着紧密联系，同时，也保留了一些当地高句丽民族的特色。这些丰富的高句丽文物遗迹，更是极富特色的、宝贵的世界文化遗产。而在这座巨大的石碑上，也突显着中原文化对高句丽文化的深远影响。

自发现好太王碑以来，清末很多大学者如王国维等就做过研究。随着近现代考古学的介入，吉林省的学者如吉林省文物考古研究所的王建群、方启东先生，通化师范学院的耿铁华先生等，都写过专门的论著。好太王碑对研究高句丽的历史与文化是不可多得的材料。我们从中可以了解到好太王统治时期高句丽的疆域、民俗、文化和守墓制度等诸多方面的内容。另外，碑文当中提到了百济、新罗、高句丽、倭四个古代国家和政权的关系。一方面填补了文献记载的不足，另一方面向人们昭示了公元 4 世纪末至 5 世纪初，东北亚地区之间、各国之间的联系和战争状况。也就是说，自古以来东北地区、朝鲜半岛、日本列岛之间就存在着广泛的交流。所以，古代国家之间的关系、民族之间的交往，包括友好往来和战争，都是我们研究古代文化传承的重要组成部分。

好太王碑是目前在东北地区乃至东北亚地区发现的最大的、最雄伟的石碑之一，文字保存非常完整。它的存在，无论是其造型，抑或是它所建立的位置，都具有十分重要的意义。它的文化价值、历史意义和社会价值不可估量。它记载着如烟的往事，将成为永恒的印记，屹立于祖国的东方。

东方金字塔

集安地处长白山山脉老岭南端，四面环山连水，气候温和，素有“吉林小江南”之美誉。浩渺的鸭绿江蜿蜒曲折，流经这里，见证着这片土地千百年来的荣辱兴衰。汉平帝元始三年，高句丽第二代王琉璃明王迁都国内城，也就是现今的集安，洞沟平原从此成为高句丽政治、经济以及文化中心长达 400 余年。

洞沟古墓群分布在群山环绕的洞沟平原地区，这里现存有高句丽时期墓葬近 7000 座。古墓群分布范围极广，绵延几十里，墓类繁多，内涵博大精深。这些墓葬距今已有近 2000 年的历史，现在，它们仍以宏伟的姿态俯瞰着集安大地，讲述着高句丽辉煌壮阔的历史。

新中国成立后，洞沟古墓群被高度重视。1966 年，吉林省博物馆对墓群进行了全面记录和测绘，其中，一座保存较为完好的大墓进入了人们的视野！

将军坟航拍

“将军坟”里无将军

“将军坟”是自清末开始，当地老百姓对这座神秘大墓的称呼，并且一直流传至今。墓葬位于禹山墓区东缘，龙山南麓距离集安市区约 7.5 公里。昔有《别金相登将军坟》一诗曰：“将军坟墓几千秋，坟外年年江水流。桂酒椒浆伤往事，荒烟蔓草赋闲游。三辅霸业今何在，百济名邦早已休。独有英雄埋骨处，峨峨高峙龙山头。”它，真的是某位将军的墓地吗？

实际上“将军坟”的称呼是源自一个误解，当地的村民认为，这可能是唐代将领薛礼征东时的一位大将阵亡后留下的陵墓，所以就把它称为将军坟。1966 年文物工作者对洞沟古墓群进行普查测绘时，将其编号为禹山墓区 1 号墓，但显然“将军坟”这一称呼更加耳熟能详，一直沿用至今。此外，它还有一个更加响亮的名字——“东方金字塔”。

墓主何人

早年测绘调查工作中，并未在将军坟周围发现任何可以确定墓主人身份的证据。难道，大墓真的无法重见天日了吗？

为解开墓主人的身世之谜，学者们试图在历史文献中寻找到一些蛛丝马迹。在中原的正史中记载数量较少，在如《三国志》《后汉书》，或者只是在其中的如《东夷传》里面，有少部分记载。内容上大体上涉及高句丽的建国传说、风俗、战事等，但是对高句丽王的陵墓几乎没有记载。

而从考古工作入手也缺乏切实的证据。在对大部分高句丽王陵进行调查之后，也没办法把其与文献中的高句丽各代王相对应。这与中原地区的情况完全不同，中原地区汉以前的墓葬流行立碑，后来在魏晋以后开始有墓志。如果能发现这些相关资料，墓主的身份和墓葬年代就会一目了然。但是针对高句丽墓葬的研究却缺乏这些至关重要的证据。

即便如此，从20世纪60年代开始，文物部门多次对墓葬本体和环境进行修缮和整治，围绕将军坟开展一系列研究工作。20世纪90年代后期，出于对墓葬的本体保护，考古人员对将军坟做过一些清理工作，在将军坟周边发现过一些瓦当，其他遗物的发现是极少的。这让原本寄希望于发掘工作的考古人员再次感到遗憾，多年来，探究它的年代和墓主人身份，一直是考古人员面临的一个难题。

关于将军坟墓主人是何人的问题，学界有四种观点：第一种观点认为墓主人是高句丽始祖东明王，这种观点源自《辑安县志》，其中记载“前有东明圣王墓，俗呼将军坟……”此种观点可以被排除。第二种观点认为墓主人是高句丽第十代王山上王，这种观点源自日本人所著《通沟》一书，无考古证据支持该观点。第三种观点认为墓主人是高句丽第十九代王好太王。将军坟与好太王碑朝向相合，将军坟是目前集安地区发现的构筑最为精良、设施最为完备的高句丽大型积石墓。文献中有记载，这时高句丽的第二十代王长寿王，已经迁都到了平壤。但文献中没有关于高句丽王回葬的记载，所以葬在集安的最后一代王应该是好太王，将军坟也应该是好太王的陵墓。第四种观点认为墓主人是高句丽第二十代王长寿王。这种说法最早源自日本学者，因为在太王陵发现了“愿太王陵安如山固如岳”铭文砖，“太王陵”的称呼由此得来，它是与太王碑相匹配的好太王的陵墓，而将军坟是石构王陵最晚的形式，此时应是长寿王在位时间，持这种观点的学者占大多数。将军坟与太王陵确实有着千丝万缕的关系。

2003年春，为了配合集安市申报世界文化遗产工作，由吉林省文物考古研究所主持对集安的高句丽王陵和重点墓葬进行了一次全面、仔细的调查和测绘。惊喜的是，新的收获犹如火光照亮了考古人员对将军坟的探究之路。这一天，针对集安高句丽王陵的复查工作正在紧张有序地进行中，就在距离将军坟 2 公里之遥的太王陵传来消息，在太王陵墓边仅 2.9 米处，一个铜铃被发现，上面刻有“辛卯年，好太王，□造铃，九十六”的字样。加之好太王碑的存在以及在太王陵周边曾发现过铭文砖，这些足以成为确定太王陵年代、葬者的有力证据，太王陵的墓主人就是高句丽第十九代王——好太王。

针对前面所说的，高句丽第二十代王长寿王迁都平壤，史书中没有他回葬的记载，如何解释这一问题？吉林大学考古学院的魏存成教授提出了一种说法，他认为将军坟是长寿王的虚宫。高句丽人非常重视丧葬，《三国志》曾记载，“男女已嫁娶，便稍作送终之衣”。高句丽王的陵寝规模很大，不可能在王去世以后短时间内完成，所以一般是王在世的时候，甚至是即位之后，马上着手为自己修建陵墓。也许，当年的长寿王也是如此。随着政权的经济、文化重心向南转移，长寿王后来有了迁都的想法。公元 427 年，长寿王决定将都城迁至平壤。迁都之时，长寿王之墓已然竣工，但是并没有实际投入使用。提前建造巨大陵寝，符合历史规律，而且将军坟在之前从未发现有人骨存在。这些假设，都把将军坟的主人，指向了高句丽第二十代王——长寿王。

为获取更多可靠资料，考古工作者对遗址的调查、测绘并没有停止。他们发现，在集安的众多墓葬中，只有千秋墓、太王陵、将军坟有石室结构。针对这三座大墓的关系，学者们也进行了一番探究。目前，按我们中国考古学界的认识，只有太王陵才是真正有确切学术依据的高句丽王陵。而对于将军坟年代的推定，从考古类型学方面来看，它的年代要晚于太王陵。从考古类型学这个角度出发，千秋墓、太王陵和将军坟三座墓的年代应该是从早到晚的连续关系，千秋墓是第十八代王故国壤王的陵墓，太王陵是第十九代王好太王的陵墓，将军坟是第二十代王长寿王的陵墓。

长寿王

长寿王姓高，名巨连或琏，生于公元 394 年，412 年继位，491 年与世长辞，他活到 98 岁，执政时间长达 78 年，这在古今帝王史当中是非常罕见的，所以他死后的谥号叫作长寿王。这位有着政治目标的一代雄主，在其统治高句丽期间，通过西北战役，进占北燕据有的辽西，兼并北燕部分遗民，从而稳固了高句丽在辽东的地位。414 年，长寿王为其父好太王，立了好太王碑，记录其丰功伟绩。他命令 330 名来自高句丽不同地区和部落的人又称“守墓烟户”，常年看护好太王的陵墓，以象征高句丽的内部团结和高句丽王的至高权力。427 年，长寿王将高句丽的都城迁至平壤，这标志着高句丽将其扩张的方向从辽东地区转移至朝鲜半岛。475 年，长寿王从陆海两路全面大规模攻打百济。之后，更将目标转向新罗。长寿王在位时期是高句丽的全盛时期。

石墓典范

通过详细的调查和测绘，将军坟的墓葬结构越来越清晰地呈现在人们眼前。多方面数据的展现，是否能够揭开这座千年古墓的神秘面纱呢?

这座陵墓气势雄伟，构筑精良，是现今保存最好的一座大型阶坛石室墓。它北依龙山，独踞一座小山南坡，周围地势开阔。将军坟一共由 1100 多块修琢工整的花岗岩石材围砌，底边接近于正方形，边长 31 米左右，高 13 米。墓葬由阶坛、墓室、基础三部分组成。修建时先挖深坑，深坑内紧密地摆砌河卵石，河卵石层最厚可达 1.2 米。在河卵石基础之上，有修凿工整的花岗岩筑成的基坛。基坛石的顶面与地表一平，平面近方形，基坛内侧压在阶坛石之下，外侧比阶坛石宽出 0.5 米左右。在基坛石外侧又修建了一周宽可达 4 米的河卵石垫层，用于保护基坛石，防止移位变形，我们称为护基石。基坛之上砌筑有 7 级阶坛，逐级内收至墓顶。

将军坟

将军坟护坟石

除第一级阶坛有 4 层砌石外，之上每一级阶坛都有 3 层砌石，一共有 22 层。石材均经过精细加工，同一层石条的厚度基本一致，底层石条规格最大，向上逐渐变小。最大的一块石条长 5.7 米，宽 1.12 米。除顶层石条外，其余阶坛石的外缘都修凿有一道凸棱，凸棱高度可达 7 厘米，上层石条卡在下层石条的凸棱之内，有效地防止移位。

如果我们来将军坟参观，可以看到在墓南侧第五级阶坛中间有一处开口的地方，那就是它的墓道口。墓道长 8.3 米，宽 2 ~ 2.75 米，墓道顶部有 3 块盖顶石，其中最外面的一块外缘凿有凹槽，推测墓道外侧原来应该有封门石。从墓道口直接进去就是墓室部分，墓室是一个边长约 5.5 米的正方形，高 5.1 米。墓室内并没有太王陵墓室中的那种石椁，而是底部铺石板，石板之上放置两座棺床，一高一低，一大一小，区分了两个人的身份和地位，应该就是长寿王和王后的夫妻合葬墓。这座墓葬早年曾经多次被盗，日伪时期日本人也曾经考察和清理过，所以现在它的墓室内除两座棺床外已经空空如也。墓室的顶部是由一整块巨型花岗岩石板覆盖，这块石板的面积将近 50 平方米，中间最厚的地方达到 1.4 米左右，重量估计可达 60 多吨。在第七级阶坛的最顶层砌石的边缘有一周小圆孔，直径在 10 厘米左右，深约 15 厘米，推测墓顶原来可能有围栏或寝殿一类的建筑。

为了防止墓葬向外垮塌，将军坟的外侧也有与太王陵相似的护坟石。每面放置 3 块巨石，中间和两角处各 1 块，排列匀称，基本等距。最大的一块护坟石高 4.5 米。北侧中间的护坟石缺失，墓的外边已经很明显向外突出了，这体现了护坟石的重要作用。

从外观看起来，将军坟和埃及早期的金字塔非常像，所以它有“东方金字塔”的美誉。但这主要是针对它的外观而言，实际上它的内部结构和西方的金字塔并不相同。金字塔无论是内部、外表都是这种工整的

石材垒砌，而且内部结构比较复杂。而将军坟的内部结构相对简单，阶坛的内部是以大河卵石和山石填充。但这并不是指石材可以随意填充，随意填充只会增加内部的不稳定性。不仅是将军坟，很多大型积石墓内部结构也是有非常严格的设计，内部砌筑出类似“十”“井”字形状的隔墙，填充石材规整摆放以增强墓葬稳固性，防止倾颓。

除了将军坟的墓葬本体之外，周围还发现了地下排水设施、墓域、陪葬墓、祭台、建筑址等多处与陵墓相关的遗迹。其中目前对外展示开放的是 1 号陪葬墓。该墓位于将军坟西北约 43 米，也是一座阶坛石室墓，阶坛形制与将军坟近似，近似正方形，边长 10 米左右。因早年被破坏，导致部分石条残缺，墓室裸露，阶坛内部填充河卵石，并且掺有白灰。阶坛石边缘修凿有凸棱，层层咬合砌筑。

巨石搭建起了宏伟的王陵，在千年风雨中屹立不倒。这里的每块条石均重达数吨，每面 3 块护坟石各重 10 余吨，盖棺石板更重达 60 多吨，气势宏伟壮观。然而，这些巨石从何而来？古代高句丽人又是用怎样的智慧，构筑起了这样一座巨型陵墓呢？

学者们认为从高句丽王陵的石材的质地、颜色各方面来看，应该来自集安市西北 20 多公里的五女峰采石场。这些石材的开采和运输，在科技不发达的古代没有什么更好的办法，只能靠锤子、凿子等工具在崇山峻岭之中把它们开采出来。冬天利用冰，夏天利用滚木来运输石材并进行加工。学者们推测将军坟的设计应该内外都是有图纸的，在石材加工好之后，逐渐用土砌成斜坡，也用滚木进行运输，墓葬砌筑好之后将土堆撤掉。

聪慧的高句丽人用勤劳的双手，搭建起一座座巨石陵墓。将军坟作为高句丽王陵最具特征、保存最完整的巨石陵墓，是高句丽留给世人的重要史迹。大概以迁都平壤为界，留在集安的王陵级别的墓葬，大致都是积石墓，在平壤目前发现的这种可能与王陵有关的大规模的墓葬，已经都是封土石室墓了。所以从这点来看，将军坟是年代最晚的一座高句丽积石墓王陵。无论从陵墓的总体设计、建筑的技艺，还是墓葬的形制来看，它都已经达到了高句丽积石墓建筑工艺的一个顶峰。不管是从它本身的美学价值，还是从建筑学、考古学的角度，研究它的意义，都是带有时代标志性的。

数以万计的高句丽墓葬在集安大地上星罗棋布。雄伟恢宏的高句丽王陵更是高句丽墓葬不同历史发展阶段的典型代表，它们集中体现了古代高句丽人的物质文化水平和精神信仰，它们所蕴含的历史、政治、文化信息，丰富着中华文明史，更为东北亚古代陵墓发展史留下了光辉的一页。

神仙汇聚

吉林省集安市周边是高句丽遗存分布最集中的地区，是古代高句丽政权早中期的政治、文化、经济中心所在。高句丽王城外，在群山环抱的洞沟平原上，现存7000余座高句丽时期墓葬汇聚于此，成为当地一道独特的风景线。这些墓葬饱经风霜，神秘深邃，在历史的更迭中，展示着一代代高句丽王及王室贵族们的辉煌荣耀，让世人得以窥探到这个神秘民族的真实生活。在高句丽贵族墓葬中，除陪葬品外，常常绘有五彩缤纷的壁画。宴饮、歌舞、游猎、杂技百戏……内容丰富的高句丽古墓壁画再现了高句丽民族的原始生活场景，“西北有敦煌，东北有集安”，如此溢美之词赞誉的就是高句丽壁画墓的丰富多彩。

面对如此众多的艺术瑰宝，不禁令人发问：创造这些瑰宝的古高句丽民族社会生活如何，高句丽人相貌怎样，穿着什么风格的衣着服饰，使用什么样的生产生活工具，闲暇之余都做些什么……在文献记载较少的情况下，壁画这些图像资料就更显得弥足珍贵。这些壁画就是古高句丽人社会生活的一种缩影，通过它们我们可以形象地看到高句丽贵族的生产生活情况。小到他们平时的饮食起居、接人待物、出行狩猎，大到战争、祭祀等，可以说这些壁画的内容就是研究高句丽历史和文化的形象资料，同时也是研究那个时期北方地区绘画的一个珍贵的宝库。

时间回到20世纪80年代，高句丽古墓壁画开始走进研究者的视野，学界对高句丽古墓壁画的认识由模糊变为清晰，其丰富的文化内涵吸引了大批学者对其进行深入探讨。而这其中，壁画内容便为研究者们重点关注。

从壁画内容看，早期的壁画是以社会生活为主，包括夫妻宴饮、接待宾客、狩猎、战争，等等。这个时期的墓室用小石块砌，因石块表面不平，便在其表抹一层白灰，壁画皆画在墓室的白灰壁上。从 5 世纪中叶到 6 世纪中叶，壁画虽仍绘在白灰壁上，但壁画内容发生变化，社会生活内容逐渐减少，出现了一批不同样式图案的壁画，有带彩色环纹的，有带流云王字的，有带莲花的，还有带变形纹的，持续将近百年。6 世纪中叶到 7 世纪中叶，高句丽政权灭亡之前，这期间的壁画以朱雀、玄武、青龙、白虎“四神”壁画为主，它们占据了整个墓室的壁面。这个时期的墓室基本都是用修凿非常工整的大型石块垒砌，壁画直接画在石头表面，所以晚期的壁画保存非常好。

随着时间的流逝，神仙汇聚的内容逐渐出现在壁画中。那么，到底是什么原因让壁画内容发生了转变呢？人们试图在高句丽的壁画墓中找到答案。在众多的高句丽壁画墓中，尤以长川一号墓、五盔坟五号墓、五盔坟四号墓所展现的“神仙汇聚”内容最为精彩。

长川是鸭绿江中上游右岸的一片冲击盆地，位于集安县城东北约 45 公里。盆地三面环山，南濒鸭绿江。在江沿和山麓之间，是平展的一级阶地和略呈缓坡的二级阶地。长川墓群的高句丽古墓主要集中在一级阶地上，二级阶地上古墓不多，分布星散，但形体巨大，引人注目。而长川一号墓便位于二级阶地中央，是长川墓群中最高大的两座封土墓之一。1970 年 6 月，长川一号墓因封土流失导致墓门外露，泥水开始不断浸灌墓室。为使古墓免遭破坏，同年 8 月，吉林省博物馆会同集安县文物保管所对这座古墓进行了抢救性发掘。根据发掘情况可知，长川一号墓是一座封土的石筑双室墓，坟垄呈截尖方锥形，高约 6 米、周长 88.8 米。墓葬由墓道、前室、甬道和后室共同构成。以工整的大块石条构筑，表面施白灰涂抹光洁。从灰皮脱落的地方可以看到，在光洁的表层下面，石壁的缝隙和石材凹缺处曾经以谷糠掺和石灰找平。后室内置棺床，甬道后端有对开的石门，墓道口则砌有封堵的石墙。清理时发现，此墓在早年已经被盗掘，盗洞在墓道口封堵石墙的上方。墓内除了前室西南淤积土中见有一股骨残段，在后室的南棺床上见一红松的棺木残段外，所有随葬品均被洗劫一空，连石门也被砸碎。

集安洞沟平原之中部，今集安车站北侧，有5座高大封土墓，形如盔胄，当地群众称之为五盔坟。自西向东编号，四号墓即以前所谓“通沟未编号墓”，五号墓即以前所谓“第十七号墓”或“四叶塚”。其中，四号墓于1950年发现，五号墓在中华人民共和国成立前被掘开过。1962年春，吉林省博物馆会同集安县文物管理所对四号、五号墓进行了清理。据清理资料，四号墓为截尖方锥形的封土墓，封土残高8米，周长160米。由墓道、甬道和墓室三部分构成。墓道在南，现存长6米，中部横一未加修整的巨石，作为挡墓石。两侧做向外伸折的挡土墙，以石条砌筑，外涂白灰。墓道后接甬道，甬道长1.88米。由甬道进入墓门，墓门开在墓室南壁偏东处，高宽各1.75米。墓室平面呈横长方形，东西长4.2米、南北宽3.68米、举高3.64米，墓室内置三石棺床，东西平列，北端均与北壁相接；五号墓结构大致与四号墓相近，根据当地群众所说，五号墓原来的封土比四号墓稍高且大，但现在仅余三分之一左右，残高3米。石造的墓室低于地面3~4米，南壁正中辟有甬道，墓亦由墓室、甬道和墓道三部分组成。甬道长1.93米，南端稍稍往东开阔。甬道上盖顶石临墓室一边修琢平整，另一边岩面未经修琢。在甬道以南，其外部两翼连及上方有石条垒砌的挡土墙，挡土墙向东西两侧稍稍砌出偏折而向南，或正形成了原来墓道的宽度，但墓道已被破坏，形制不详。墓室平面呈整齐的横长方形，东西长4.37米，南北宽3.56米，用修琢工细的巨型花岗岩石材砌筑而成，白灰勾缝。墓室四壁上方叠置梁枋，梁枋以上藻井做叠涩结构，最上覆盖一平整的封顶石。墓室内置三石棺床，东西并列，东西两座棺床紧靠二壁，以石灰勾缝。

长川一号墓的前室和藻井非常有特色，是三重平行叠涩加抹角叠涩，后室是五重平行叠涩。在长川一号墓的前室通道，墓室以及藻井上都绘有大量的壁画图像。绘制的方法为：先在墓壁上涂抹白灰，在白灰上作画。先用朱红，再用细线来勾勒图案，然后再在上面平涂颜色，平涂的颜色有青绿色、土黄色、朱红色、白色等。

长川一号墓前室藻井东侧第二重顶石上绘有拜佛图。正中为一尊拱手趺坐在须弥座上的佛像，须弥座左右各蹲一只张口吐舌的护法狮子。佛像面容丰腴，双目微睁，神态端庄，着白色通肩大衣，背后有尖拱形背光，内饰火焰纹，背光上部周围有一重绿色饰赭色条纹的帷帐。佛像左侧，一男一女手持华盖，后有两侍女相随，再后面绘一朵双童子面莲花化生图。佛像右侧是头手触地虔诚跪拜的男女墓主人。男主人在前，梳顶髻，着黑地红花短襦，穿白地饰黑十字纹肥筒裤；女主人居后，蓬发齐额，粉面朱唇，着白色合衽长襦搭同色百褶裙披黑色披肩，腰系黑带，背后挽花结。主人身后侍立二女，上方绘两个飞天，身姿优雅，披带飘舞，皆有项光。空间饰以祥云和彩色莲花。第三、第四重顶石上绘有飞天和伎乐仙人，更衬托了庄重气氛。

长川 1 号墓仅前室藻井就绘有 10 多组双童子面莲花化生图。每组都是一朵欲放的莲花，莲花中生出两个着项光的童子面，形象生动而美好。壁画的年代当为 5 世纪末左右，生动地描绘出佛教在高句丽贵族中广泛流传的情景。

五盔坟四号墓墓室四壁及藻井上皆满绘壁画，甬道两壁及棺床上也绘有壁画，壁画均直接绘于花岗岩上，五彩纷披、绚烂富丽。甬道左右壁各绘一力士，惜已漫漶不清，难以辨识。墓室四壁绘四神，四神壁画下以连续的莲花火焰网状图案作为衬地。藻井顶部绘一龙，昂首盘旋，形象生动有力，衬地为流云和星宿。四号墓中的四神，在衬地网状纹中的人物图像共 10 个，或坐或立于莲台之上，神态名异。其中大部分人物为儒者形象，头戴高高儒冠，身穿儒服，宽袍大袖，腰间束带，颜色各不相同。所绘人物足登黑履，踏莲台，手执团扇，与高句丽壁画中的一般人物服装迥异。其中，西壁右上方的一个人物，身着僧衣跪坐在莲台上，右手持书置于目前，正在凝神诵读佛经。这是高句丽壁画中目前仅见的诵经僧人图像。在墓室北壁的左下角，绘有一人跣足坐于莲台上，左腿盘屈，右腿立起，披发低首，身着绿色羽衣，一只手在地上绘八卦图，俨然是一个道士的形象。这些独特的宗教人物图像，在学者们眼中，构成了一幅儒、道、佛“三教合一”的画面。

五盔坟五号墓整个墓室的四壁、藻井，以棺床以及甬道的左右两壁，都绘有绚丽的壁画。壁画直接绘于平整的岩面上。甬道左右两壁各绘一力士，面朝甬道口，今已漫漶不清，难以辨识。墓室四壁除绘巨幅四神图外，满布着莲花火焰网格纹图案作为衬地。墓室四隅绘怪兽托龙顶梁，梁枋上绘 8 条交结纠缠的龙。藻井亦满绘壁画，菱形盖顶石上绘龙、虎缠结相斗，虎居西，龙居东，头皆向南。在北部绘有二星象。棺床上原绘有纵列的连环纹，现已无存。

无论是社会风貌，还是宗教信仰，这些高句丽古墓壁画都是公元 4 ~ 6 世纪高句丽人社会生活的缩影，是探索高句丽人信仰、意识等思想观念的形象资料。而学者们尤为关注的是这些转变是何时开始的，又受到了什么样的影响？

高句丽政权建立在汉玄菟郡境内，中原对于高句丽的影响是多方面的。政治、经济、文化、思想、宗教信仰等方面都深受中原影响。从政治方面的影响来看，高句丽曾隶属于汉四郡当中的玄菟郡。在高句丽文化当中，我们可以

四神玄武

看到诸多文化因素，既有高句丽本身的文化元素，也有来自中原的汉文化因素。据《三国志·高句丽传》记载，汉代曾经赐予高句丽鼓吹伎人，高句丽的贵族，包括王族，要到玄菟郡来接受朝服衣冠。东汉刚刚建立的时候，高句丽来朝贡。光武帝刘秀恢复了高句丽的王号，从那个时候开始，这种册封的关系历经南北朝，一直延续到隋唐时期。经济文化及宗教方面，则影响更为深远。据记载，在 372 年的时候，高句丽立太学，教育子弟。《旧唐书·高句丽传》记载，高句丽人特别喜欢读书，他们所读的书有《五经》《史记》《汉书》《后汉书》《三国志》《文选》等。佛教的传入，一般认为是在小兽林王统治时期，当时建了肖门寺，到故国壤王时期，下令要大力弘扬佛法，在平壤创立了九寺。这个时候，佛教在高句丽有了更进一步的发展。一般认为，道教是在唐代初年的时候传入高句丽的。根据史书记载，在 624 年和 643 年的时候，唐王朝曾经遣人向高句丽送去了天尊像、道人以及《道德经》，所以在高句丽晚期的时候，道教也有了一定的发展。以五盔坟四号和五号墓为例，在其中所画的身着羽衣的神灵形象，和我们汉代的画像石和画像砖墓当中的羽人形象非常相近。立于莲台之上的褒衣博带的居士也和南朝士大夫的形象几乎没有差异。所以从这个视角宽泛地说，中原文化对于高句丽是有影响的。如果具体一点儿说，这些形象其实反映的是在高句丽统治者的大力倡导之下，儒、释、道三教合流同归。

除了上述墓中的壁画以外，还有很多墓葬中都发现了祭祀和崇拜神灵的图像。远古人类对宇宙星辰的敬畏在天文星象图中就有所体现，他们大多被古代高句丽人绘制在墓室的藻井之上，极富神秘色彩；伏羲、女娲作为神话中的远古祖先，也出现在高句丽古墓壁画中；驾鹤的仙人，托梁的力士以及伎乐飞天，构成了高句丽壁画墓独有的神灵世界；高句丽壁画中的日月神——三足乌、蟾蜍、玉兔的形象，同中原汉晋之际的画像完全相同，即使在今天，象征高句丽权力的三足乌也被打造成雕像，作为城市地标，矗立在集安市区。

高句丽贵族墓葬最初的一些壁画多半是与社会生活有关，他们把生活看得很重。为了抵御自然灾害，保障生活的富有、生命的长久以及自身统治的永固，他们祈求神灵保佑。随着时间的推移，特别是随着社会的发展走向后期，

五盔坟四号墓伏羲

五盔坟四号墓女娲

贵族生活越来越腐败，思想的追求也逐渐开始，追求享乐、完美，追求死后升入仙界以继续享受这种生活。他们越发祈求神灵来保佑他们的生活，这种神化程度越来越深，最终形成的完全是四神和天上的神仙。这种思想情况的变化也反映出整个社会由盛到衰、由现实到逐渐神化的过程，同时也反映了贵族的思想开始逐渐地由现实生活当中的进取逐渐地变成了贪图享乐，然后沉迷神灵来获得满足。

随着佛教、道教以及各种各样思想流派的传入，现实中的社会也出现了一个融合期，这个融合期里现实中的一切也皆体现在墓葬壁画里。我们现在要去完全地、特别准确地去了解那时人的全部精神世界是比较难的，因此我们也只能通过这种墓葬，有一些零星的了解。即便是管中窥豹，也能够部分地重建当时人们的社会生活，去重建当时人们的精神世界。从这一意义上来讲，无论是高句丽壁画墓，抑或内地其他的壁画墓或者其他的墓葬，甚至随葬品，都是一种相辅相成的关系，实际上也是部分地展现了古代社会生活史。

高句丽壁画墓是高句丽墓葬的重要组成部分，是高句丽历史与考古研究的重要参考资料。高句丽古墓所绘壁画可以弥补传世史料的不足，可以协助对出土实物的性质与内涵进行剖析，在探究高句丽民族的形成、发展与变迁，以及高句丽社会文化的时空演变历程等方面，具有不可替代的历史作用。骑马、射箭、宴饮、歌舞……一幅幅绝美画作，并没有因为时间的流逝而逐渐被人们淡忘，反而以其精美的线条、繁复的图案、绚丽的色彩为高句丽古墓壁画增添了一份独特的魅力。无论是权力的象征，抑或是信仰的力量，高句丽古墓壁画都将在历史的年轮中绽放出璀璨的光辉。

歌舞之族

吉林省集安市是依山而展，沿江而兴的边陲小城，素有“东北小江南”之称。而在 2000 年前，这里曾是古代高句丽政权早中期的政治、文化和经济中心。走进集安，在群山环抱的洞沟平原上，大大小小 7000 余座高句丽墓葬遍布于山野之间，成为当地一道独特的风景线。尤其是隐藏于墓室中的众多壁画，用神秘的线条、以及鲜明的色彩，讲述着古老民族丰富的生活和辉煌过往，成为人们研究高句丽社会诸方面情况的形象资料。这些五彩缤纷的壁画所展现的内容也极为丰富，宴饮、歌舞、游猎、杂技百戏……内容丰富的高句丽古墓壁画再现了高句丽民族的原始生活场景。

中国古代壁画多见于庙宇或者墓葬中，早期壁画多见于墓葬中。墓葬壁画蕴含的历史信息极为丰富，可以对其进行多方面、多角度的研究。而高句丽壁画品类丰富，特别是早期的那种写实风格的壁画格外具有研究意义。尤其是在高句丽民族文献记载比较少的情况下，这些图像资料显得弥足珍贵。

时间回到公元 4、5 世纪，高句丽王美川王到好太王期间，是高句丽繁荣强盛的历史时期。随着领土的扩张，高句丽同中原及北方各民族之间的经济文化交流日益频繁。高句丽的农业、渔猎及手工业生产不断进步，经济社会发展，政治生活稳定。在这种情况下，王公贵族的日常生活也日益奢侈腐化，他们大治宫室，蓄养僮仆，妖姬美妾，宴饮歌舞。

角抵墓北壁

而这些形色多样，内容丰富，充满着华贵、富丽、享乐的贵族气息生活场景，在高句丽墓葬角觝墓、舞踊幕及长川一号墓的壁画中得到了真真切切的展示。

角觝墓位于集安市区东北 3 公里的禹山南麓平缓的坡地上，墓葬南眺洞沟平原，距好太王碑约 1.5 公里。此墓为封土石室墓，由墓道、甬道、半前室和墓室构成。墓室上部为穹隆式藻井。方向南偏西 50 度。墓道长 1.5 米，高 1.3 米，半前室长 3.2 米，宽 1 米，高 2.1 米，甬道长 1.4 米，高 1.3 米。墓室平面为方形，边长 3.2 米，高 3.4 米。墓葬的甬道、半前室及墓室遍抹白灰，上面绘有彩色壁画，壁画内容以社会风俗为主题，表现了墓主人生前与妻妾宴饮，以及角抵、备乘的场面。还绘有屋宇、树木、鸟兽等画面。此墓早被盗掘。1935 年，日本人池内宏、梅原末治等对此墓进行调查、测绘和著录。1960 年以来，集安文管所多次进行维修，加修了墓道、墓门，对壁画进行了化学封护。

舞踊墓处于集安市东北 3 公里禹山南麓，它的旁边就是著名的角觝

舞俑墓舞蹈图

墓，舞踊墓由墓道、前室、通路和后室共同构成。其中前室又被称为“前半室”，因为它跟方形的前室相比要窄一些，墓道和通路正好贯穿前室，通道连到后室，后室为长方形，之间有门槛，门的痕迹在里面。前室墓顶结构不详，后室是叠涩的穹庐式藻井，由三层平行叠涩，加五层的抹角叠涩构成。半前室、甬道及墓室均用白灰涂抹，上面绘有彩色壁画。壁画内容以墓主人生前的社会活动为主，表现墓主人同妻妾居家宴饮，观歌赏舞、山林狩猎等大型场面。此外还绘有仙人、伎乐、角觝、树木、花鸟、奇兽、日月星辰等，内容丰富、形象生动，保存较好。

长川一号墓位于集安县城东北约 45 公里的长川盆地内，盆地三面环山，南濒鸭绿江。在江沿和山麓之间是平展的一级阶地和略呈缓坡的二级阶地。盆地内分布有高句丽古墓长川墓群，长川一号墓位于二级阶地中央，是长川墓群中最高大的两座封土墓之一。

角觝墓和舞踊幕是高句丽早期的贵族墓葬，这两座墓葬的壁画特点是在墓室的石壁上抹上一层白灰，形成白灰底帐以后，在底帐上作画。作为高句丽早期壁画墓葬，其壁画内容和高句丽晚期壁画相比内容明显不同，晚期壁画内容是以宗教神灵为主，而早期则是以当时的社会生活场景为主。如舞踊墓，后室左壁绘角绘有非常漂亮的舞蹈场面，所以当时日本人就给它起名为“舞踊墓”。整体来说，墓室当中，后壁画的是宴饮图，右壁画的是狩猎出行图，左壁画的是舞蹈图，舞蹈图以骑在马上的墓主形象主，这个图像是处在整个壁画的中部，在它前部有两行队列，一行是由五个舞者构成的舞蹈队，其中排在前列的是一个男性领舞者的形象，其形象非常生动，头戴折风帽，上面插有双雉尾，上身穿的是白底黑点纹的长袖短襦，腰部系带，下部穿的是黄底黑点纹的肥筒裤，足蹬白色便鞋，后边跟着两个舞女，两个舞女的头部都已经残缺，她们穿着的都是点纹长袖长襦，下身配的是白色的百褶裙，百褶裙下面我们可以看到白色的短靴，这两个舞女身后是两个身穿短襦裤的舞者，五人排成一排。这五个舞者双臂向后伸展，长袖下垂，舞姿非常优美。在五人舞蹈队的下方是排成一列的七人合唱团。唐代诗人李白曾作诗赞美高句丽的乐舞：“金花折风帽，白马小迟回，翩翩舞广袖，似鸟海东来。”这就是对高句丽歌舞的极度赞美。此外，在《三国志》《梁书》《魏书》《北史》《旧唐书》《新唐书》《通典》等诸多史籍中，都记载了高句丽民族有喜歌擅舞之习俗。《魏书·东夷传·高句骊》记载：“其民喜歌舞，国中邑落，暮夜男女相聚，相就歌戏。”《新唐书》又载：“高句丽‘有胡旋舞，舞者立毡上，旋转如风。’”这些对喜歌擅舞的记载，在高句丽古墓壁画上得到了充分证实。在集安的舞踊墓、长川 1 号墓、麻线沟 1 号墓、洞沟 12 号墓等墓葬中，都有舞蹈图的描绘。就其所绘的舞蹈图来看，有单人独舞、双人对舞、集体群舞等。公元 5 世纪，高句丽民族音乐舞蹈传到了南朝的刘宋。《旧唐书·音乐志》载“宋世有高句丽、百济伎乐”。隋唐时期宫廷乐舞当中也有了“高句丽伎”，甚至中原的

长川 1 号墓

一些贵族中也有擅长高句丽乐舞的记载。

舞蹈存在于东亚地区的每个民族中，一直是人类表达愉悦心情的一个重要方式。但舞蹈从一开始的巫术性质、庆典性质，最终发展到娱乐性质，它有一个逐渐的发展过程。而在高句丽的壁画中，所展现的舞蹈都是后期娱乐性质的。这时的舞蹈已经属于高雅范畴，舞蹈常配有伴唱，这种伴唱大概就是既有节奏又有词调，因为高句丽很多民歌，包括很多传歌，都曾经进入过中原宫廷，从隋朝开始，高句丽乐、高句丽伎就曾经不停向中原进贡，这些曲目在中原宫廷中深受欢迎。隋唐两朝皆能够兼容并收，他们对周边民族的乐舞经过提炼之后，使其成为自身礼乐的一部分。

高句丽民族酷爱乐舞，舞蹈形式也丰富多彩，走进长川一号墓前室，一场声势浩大的歌舞场面尽收眼底：壁画上部，墓主人夫妇在凉亭内的虎皮椅上惬意地就坐，舞者翩翩起舞，逼真生动。

有学者专门对高句丽舞蹈进行了舞蹈动作研究，认为其中的某些仪态、某些动作和现在朝鲜舞有异曲同工之处。在整个集安所发现的 36 座壁画墓中，服饰风格非常统一。具体来说，就是男性服饰或头戴折风，或头戴骨苏，这是高句丽贵族所戴的两种帽子，一般男性都是披发。男子穿短襦配裤，下面配便鞋。无论是短襦还是肥筒裤，最常见的都是点纹菱格纹，还有竖点纹等几何图案形象。服饰变化比较小，已经形成了鲜明的高句丽人，或者说高句丽族服饰自身的特点。女性也可以穿短襦配肥筒裤，但是我们所能看到更具代表性的是长襦配百褶裙。百褶裙下可以看到肥筒裤的裤脚，再下就是短靴，和史书中所描绘的高句丽人的服饰完全吻合。

既然高句丽人如此喜好乐舞，那么这些才艺多姿的艺人来自哪里？是职业，还是杂耍？是有组织的表演，还是偶生兴致呢？从壁画中能看到一种场景，这种场景可能没有到达中原，中原叫“坐部伎”“立部伎”。这个“伎”不是贬义的，而是代表一种特有职能的人，这种情况在高句丽民间甚至贵族阶层曾经成为一个广泛存在的现象，即有一批从事这样职业的人，他们频繁地游走在各个贵族之间，每当有重大庆典场合的时候，由他们出面给大家助兴演唱，但这就涉及高句丽是不是有这种商品经济。我们在舞踊墓的壁画中看到这样一个场景：一伙人在领舞，下边有伴唱的，墓主人一人骑着马在听，旁边有个小人物，手里拎着一个布做的袋子。这个袋子里是很重的东西，是不是用来支付的钱呢？高句丽不通行中原的货币，它可能是贵金属，可能是黄金，或者其他等值的东西。这似乎说明这些歌舞伎人并不像后来家养的乐队，他们似乎游走在各个贵族之间，通过自身的技能去满足贵族的享乐需要，进而实现自身生产生活的目的。

贪图享乐的高句丽贵族，除了喜好妖娆的美，他们是否也在乎力量的美呢？除了本民族的传统乐舞，外来的美他们是否也能接纳呢？这些依然可在壁画墓中寻找到答案。

在高句丽壁画中，我们可以看到诸多文化因素，既有高句丽本身的文化元素，也有来自中原的文化因素。除了前述的歌舞，角觝同样也颇受欢迎。在高句丽社会中，特别是高句丽贵族中，角觝已经成为一种时尚。角觝的活动起源较早。相传“蚩尤氏有头角，与黄帝斗，以角觝人。”因而冀州民众三三两两头戴牛角相抵，称“蚩尤戏”。这大约是中原地区最早的角觝运动。从高句丽古墓壁画来看，角觝是一种摔跤、相扑性质的运动，也可以说是早期军营中的竞技活动。高句丽王公贵族在接待宾客时，经常以观赏角觝作为娱乐或游戏。在集安的高句丽壁画墓中，角觝墓墓室、舞踊墓藻井、长川一号墓前室北壁左上角等位置都绘有角觝图。其中，尤以角觝墓墓室东壁的场面最为宏大：晴朗的天空中，云朵飘飘。壁画正中位置，一株繁茂的梧桐树高高矗立，树下两个力士，一人高鼻深目，胡须上翘，一人蓄短髭，各自将头置于对方肩上，手攀对方腰际，上身赤裸，下着短裤，头系巾结，双双用力。右方，一位须发皆白的老者拄杖而立，观赏助威，其身着短衣肥裤，巾带系于腰间。树上的鸟儿、树下的二兽，都被精彩的角觝场面深深吸引。

除流行歌舞、角觝外，杂技表演在高句丽人群中也深受欢迎。在长川一号墓前室北壁上，一幅百戏图跃然呈现，跳丸、掷剑、旋盘、舞轮、猴戏以及马戏等杂技表演悉数亮相，尽管百戏图损毁严重，但依稀可以辨认出这是一幅民间杂技表演的盛会：壁画中心靠右位置，粗壮的大树笔直挺立，鸾鸟环绕低飞，墓主人与宾客端坐树下。猴戏正式开始，伴随着在场观众的欢呼声，一只头戴白色假面、项上系着锁链的小猴登台表演，它小心翼翼地从树干上向下倒爬。树根之上，另一只小猴同样头戴白色假面，向主人拱手致敬。一男一女两位戏猴者，男子跪在树干右侧，女子站在右侧，展示着戏猴的技艺。眼前的此情此景，让旁边观看的墓主人心生喜悦，露出惬意神态的宾客，伏卧一旁的黄犬，高举大伞的男女侍从，都被眼前的精彩表演深深吸引。另一侧墓壁上，车戏表演同样精彩，一女子执曲盖车的双辕，前面另一女子手拄长棍，回首反顾，车后紧跟一人暗中拖车，双腿蹬直，向后用力，戏谑拉车者。与此同时，宾客身后还有一人在表演传统的跳丸，表演者将手中的木制小圆球迭跃于空中，然后接在手中再掷，并变换各种动作。再往后，一人挥舞手中的棍棒，一方座上放置一轮，正在进行舞轮表演，表演者头部扬起，双腿微屈，神情自若。

在高句丽壁画中，我们还从中发现了很多其他的来自中原的文化因素，比如说高句丽人的发式，从墓主人的形象上看，就连发饰都已经不具有少数民族那种特点了。服装有些有自己的特点，有些也运用了中原传来的样式，包括颜色和制作方式等。此外，我们还可以看到马的使用，马具、牛车等。这些现象的产生是有其现实需求的。壁画中的内容不仅包括服装和舞蹈，还有更深层次的社会内容，等待我们一点点去探究。

文化源于生活，壁画中的这些歌舞也是高句丽人生活状态的完美呈现。在高句丽古墓壁画中，到处都是具有高句丽民族特点的生活场景，这是高句丽贵族闲适、安逸、享乐生活的一个极好的体现。这些古墓壁画，无论从内容还是形式上，都同汉晋之际中原的一些画像石、画像砖、壁画、雕塑有许多相似之处，高句丽贵族与中原贵族在生活方面有着颇多的相似之处，其中也不乏影响的因素和效法的可能。

高句丽壁画墓是高句丽墓葬的重要组成部分，是社会生活的一种缩影，是高句丽历史与考古研究的重要参考资料。高句丽古墓所绘壁画不仅可以弥补传世史料的不足，也可以协助判断出土实物的性质与内涵，在探究高句丽族的形成、发展与变迁，以及高句丽社会文化的时空演变历程等方面，起到不可替代的作用。

游猎贵族

高句丽墓葬壁画题材丰富。据《三国志・东夷传》记载，高句丽人对修坟建墓十分重视，并有厚葬的习俗，所谓“金银财币尽于送死 ”。在高句丽权贵的坟墓中，除陪葬品外，常常绘有五彩缤纷的壁画。高句丽壁画色彩明目，内容丰富。其中，山峦、林木、骑马围猎、驾车游行等画面，都真实再现了高句丽王公贵族们钟爱的活动——游猎。

游猎是人类最早的社会活动之一。对于早期人类而言，游猎是生存发展的必要手段，同时，伴随着游牧和农耕文明发展，游猎活动一直贯穿其中，也孕育了丰富的游猎文化。它造就了人类，也成就了文明。在古老的东北大地，游猎几乎伴随整个文明的发展，古代东方游牧民族多以弓箭为武器，因此“夷”又用来指以游猎为生的东方部族。《说文・大部》又云：“夷，东方之人也。”中国古代东北夷先民一直是善于狩猎的少数民族。高句丽作为生活在古代中国东北的少数民族政权，在公元前 37 年建国，最初的时候定都桓仁，公元 3 年琉璃明王时，从桓仁迁都到了集安，此后一直以集安作为都城，到长寿王统治时期，即公元 427 年，从集安迁到平壤，最后到公元 668 年被唐朝灭，高句丽的国祚一共存在 705 年，国都三次迁徙——从桓仁到集安，再到平壤。集安是它文化积淀最为深厚的地区，是高句丽贵族的一个聚居区。长寿王迁都到平壤之后，集安地区仍旧是非常重要的一个陪都。因此，在今天的集安，我们能够在高句丽古墓壁画中看到大量高句丽贵族外出郊游、狩猎、参拜神佛、宴会宾朋等活动场景。而在众多的高句丽壁画墓中，尤以三室墓、舞踊墓、长川一号墓所展现的游猎场面最为热闹、精彩。

三室墓位于集安市洞沟平原中部，大禹山南麓，是一座封土石室壁画墓。墓道西向有大小相若的墓室构成多室墓。平面布局呈串联的曲尺状。第一室略大，长墓道直穿此室西壁中部，室内见方，四壁微向内倾。在四壁之上做六层平行内收叠涩，然后再抹角叠涩两层，其上以两块长方形石板并缝盖顶。第二室位于第一室之北，两室间有过道相通。过道位于第一室北壁东端，较第一室略小，墓室平面亦呈方形，藻井结构同第一室相同。第三室位于第二室西面，与第二室西壁有过道相连大小与第二室相若，墓顶结构与第二室相同。三个墓室系同时营建，是一个统一的整体，均用石材相砌，然后抹以白灰，再在光滑平整的白灰壁面上作画。三室墓墓道、过道和三个墓室四壁藻井全部绘有壁画，是一座以社会生活风俗为主题的壁画墓。

高句丽人喜爱游猎，史书中多有记载。《三国史记·琉璃王传》记载："二十二年(公元3年)冬十月，王迁都于国内，筑尉那岩城。十二月，王田于质山阴，五日不返。"迁都不到两个月，百姓尚未安居，朝政还没稳定，高句丽王却率领亲信随从驰驱田猎，久而不返。不仅琉璃明王如此，高句丽诸王都喜好田猎，乃至田猎之风在高句丽王公贵族中间大盛。

另据《三国史记》记载，高句丽人在每年的三月三日都要会猎。有学者统计，《三国史记》记载高句丽一共有28代王，其中的15个王共进行了34次狩猎活动。如果按照《三国史记》的记载高句丽有705年，那整体的狩猎次数要更多。如此多的狩猎次数，可见游猎在当时占有很重要的地位。

除了史书记载，高句丽墓葬中也常见游猎场景。或许在普通人眼中，有关古人出游或狩猎的场面不足为奇，因为在中国各地，狩猎屡见不鲜。但在专家学者们眼中，集安高句丽古墓壁画中的狩猎图却拥有巨大价值。

高句丽作为北方民族，聚居之地大多是深山野谷，粮食不足，但野生动物资源极为丰富，游猎是其维持生计的重要方式，当游猎在高句丽民族中占有越来越重要的地位后，越来越多的史料、文献、传说、壁画便将游猎作为重要的壁画内容。

位于洞沟古墓群禹山墓区的三室墓内的《出行图》，描绘了贵族出游场景，一大队出行车马在树下整装待发，也许他们都是跟随男主人郊游狩猎的队伍，等待见证一场狩猎场上的厮杀。

位于集安东北 3 公里处的禹山山坡上的舞踊墓，因绘有群舞画面而得名。而在舞踊墓中，与舞蹈画面相呼应的，就是墓室北壁通壁绘画的狩猎图。舞踊墓的射猎图布局紧凑，画面生动。图中，一棵大树立于图的右侧，树的左边是猎场，起伏的山丘将狩猎场分为上下两区。上区有一骑士，张弓欲射猎二鹿；下区有三骑士猎猛虎、逐雄鹿。最左侧还有一骑，头戴折风，上插羽翎，执弓缓行。千年前的深山树林，高句丽的

舞踊墓

王宫贵族结伴而行，策马奔腾，他们身手敏捷，箭术高超，将面临死亡的猎物吓得惊惶逃跑。

游猎之所以是高句丽壁画的重要题材，不仅仅是它可以维系高句丽人的生产生活，同时，通过游猎还可以达到训练军队，提高军队战斗力的目的，对高句丽政权的崛起起到了至关重要的作用。

在古代高句丽民族生活区域，受自然条件的制约，狩猎一直是其重要的食物补充来源。而在长期的狩猎活动中，高句丽人自然而然掌握了制作弓箭的技巧。据记载，“句丽别种依小水作国，因名之为小水貊，出好弓，所谓貊弓是也。”高句丽特产名弓，弓矢也是高句丽人对外交流的主要方物之一。

弓箭的使用对于古代社会的进步起到了极大的促进作用。由于弓箭具有强大的杀伤能力，增加了人类征服自然的威力。《魏书·高句丽传》记载，“及其长也，字之曰朱蒙，其俗言‘朱蒙’者，善射也”。从中可以看出，高句丽人对自己的始祖朱蒙的“善射”能力有着广泛的认识。从史书的记载可以得知，高句丽始祖朱蒙凭借高超的射猎技能，在建国过程中排除万难，取得人们的敬仰和信服，而精湛的制弓技术也促进了高句丽的军事发展，逐一兼并周围小国，渐渐形成了一股新兴势力。就像集安三室墓的攻城图中记录的那样，城桓曲折，城楼高大，城外二将骑马手持长矛，兵刃相见。烽火烟尘，湮没不了高句丽人的赫赫战功。在漫长的人类发展史中，狩猎工具逐渐演化成兵器，成为实力和战斗力的象征。

长川一号墓同样是一座高句丽的早期贵族壁画墓。墓葬前室、北壁的壁画，把角觝、歌舞、狩猎、百戏等题材融为一体。壁画大致上可以分为上下两部分。上部分内容是歌舞宴饮，还有百戏图。下半部分则是山林逐猎图。狩猎图正好位于整壁壁画的中下部，通过壁画可以看到，右侧有三列骑马的猎手向中间驰骋，左边也有三个骑马猎手围猎，在后面还有持有长矛的徒步猎手，在这个画面当中，我们也能看到虎、狍子、鹿等各种各样的动物形象。整个围猎场景有 20 多人参加，山林中骏马奔腾，百兽齐鸣，气势恢宏，呈现出一场大规模的山林逐猎图。

高句丽壁画中的狩猎图似乎是高句丽人游猎生活的真实再现。这种游猎贵族的生活，表面上的确给高句丽带来了欢乐和荣耀。但同时，游猎也变成一枝黑色的藤蔓正逐渐攀爬上高句丽王族的脖颈儿，让他们在喘息之中倍感艰难。

《三国史记》记载，高句丽第二任王，即琉璃明王，他有一次到箕山去狩猎，结果碰到一个腋下长有羽翼的怪人，就把他带了回来，给他赐姓叫作羽氏，并且把自己的女儿许配给他。同样，也是这个琉璃明王，有一年他去箕山围猎，整整七个月都没有回来，家里就出事了。他的两个妻室，一个是鹘川人，叫作禾姬；另一个是汉人，叫作雉姬。这两个妻子打了起来。禾姬骂雉姬说："你是汉家的奴婢，你没有资格对我无礼。"汉人媳妇雉姬一气之下就走了。琉璃明王回来之后听到消息，赶紧骑马去追雉姬，结果雉姬非常生气，坚决不回来。琉璃明王也没有办法，他就在树下休憩，抬头看到有黄鸟落在枝头，不禁感慨吟诗一首："翩翩黄鸟，雌雄相依。念我之独，谁其与归？"

舞踊墓南藻井

过度的游猎，让高句丽的第二代王琉璃明王“后院起火，爱情受挫”，但这并没有影响游猎在高句丽贵族心目中的地位。高句丽第十四代王烽上王就是在游猎中走向消亡。烽上王在高句丽历代帝王中是最没有作为的，他性格残暴，不体恤民力，徭役繁复，激化了国内的矛盾。国相仓助力多次劝阻无果，最终在烽上王一次外出狩猎时，把他给擒拿囚禁，迎来了下一任新王——美川王。

根据《三国史记》的记载可知，高句丽早期狩猎十分频繁，这也反映出古代早期狩猎民族的特征，而伴随着疆域的扩大，生产力的发展，高句丽的社会性质也改变了，农耕及经济贸易在社会中占据重要位置，狩猎活动也没有建国初期那样频繁。尽管这样，《三国史记》关于狩猎的记述还是贯穿其书。如今，狩猎的场面犹在，只是被永久封印在了高句丽的墓葬当中。

关于高句丽壁画墓中的社会风俗图有不同的解读，第一种解读认为，壁画反映了墓主生前社会生活的现状。墓主人希望他死后还能过生前这样的生活。第二种解读认为，壁画中的狩猎图不是简单生前狩猎情景的描绘，而是描写一种送葬的场面，是和送葬相配合的狩猎活动。第三种解读认为，壁画描述了墓主人死后，在另一个世界，即冥界的狩猎活动。

无论是墓主生前的写照，还是对身后事寄予的向往，高句丽贵族们的游猎生活都在壁画中有了完美展现。游猎正是高句丽民族的一种社会风尚。通过壁画中的狩猎场面及文献记录，足以证明游猎文化在高句丽生活中的重要地位，而那些在高句丽墓葬中出土的铁矛、铁刀、铁镞、镏金马鞍、镏金马镫等大量铁器，就是高句丽人钟爱游猎、擅长征战的历史见证。

高句丽壁画墓是高句丽墓葬的重要组成部分，是高句丽政权社会生活的一种缩影，是高句丽历史与考古研究的重要参考资料。通过这些壁画，可以形象地感知高句丽贵族的生产生活，了解他们平时的饮食起居、宾客宴饮、狩猎、出行、祭祀甚至战争等。高句丽古墓所绘壁画，可以弥补传世史料的不足，可以协助分析出土实物的性质与内涵的剖析，在探究高句丽民族的形成、发展与变迁，以及高句丽社会文化的时空演变历程等方面，起到不可替代的作用。

深山树林，万木葱茏。高句丽的王公贵族在林间穿梭，驰马开弓，猎犬在前，奴仆在后，惊起的猎物来不及逃窜，就已被利箭刺穿，众人欢呼，又一场惊险刺激的游猎大戏拉开了序幕。千年前的场景逐渐幻灭，浸染在眼前的高句丽古墓壁画之上。云朵飘过静谧安宁的洞沟平原，细碎的黄花漫过天际，风雨欲来，村庄一片静寂，没有人声鼎沸，也没有鹰飞犬吠，唯有青黛的远山之上偶尔传来几声雀鸟的啼鸣。久远的高句丽旧地早已被时光镌刻成沧海桑田，山岭里寂静无人，唯有时光在反复品味着久远的故事。

长川一号墓主壁

夯土为城

巍巍长白，钟灵毓秀；东北大地广袤而雄奇。这里是东北亚古代文明发端、孕育和发展的核心地带。四季不冻的松江水日夜奔涌，滋养着这里的每一寸土地，也孕育着璀璨的文明，在北国江城吉林省吉林市，庄严古朴的龙潭山城雄踞于此。龙潭山城依山脊而建，坐拥松水，俯览众山，是东北先民繁衍生息的历史见证和岁月地标，山城及周边地区衍生的历史文化，对东北文明化进程曾产生过深刻而久远的影响。

龙潭山城地形地貌 1

山水胜境

吉林市处于长白山地向松辽平原的过渡地带，自然环境优越，地貌类型复杂。吉林市东有威虎岭、龙岗山；南有长白山地龙岗山脉；东南有龙岗山脉的余脉富尔岭；东北部有呼兰岭；中部有西老爷岭和吉林哈达岭；西部有大黑山、威虎岭与西老爷岭。吉林市城区及丰满区一部分为松花江中游河谷盆地，南自丰满以下阿什附近，北至牤牛河口；东自龙潭山、西至北山、欢喜岭。南北长 20 余公里，东西宽 10 余公里。海拔 200 ～ 450 米。

吉林市境内东南部山峦重迭，连绵纵横，植被丰茂，降水充沛，水系发育良好。境内江河随地形东南高西北低之势，也呈东南—西北流向。按自然形成的水系划分，统属于松花江水系。松花江发源于长白山天池，流经吉黑两省，注入黑龙江。松花江之名出自满语“松阿里乌拉”，意为天河。松花江吉林段南北朝时期称速末水，隋、唐时期称粟末水，辽时统称混同江，宋、金、元时期称宋瓦江，明宣德年间始有松花江之名，清代沿用，亦有称混同江。

在吉林市区段，松花江由东南向西北流，江水以反“S”形穿行于吉林市区，把吉林市城区分为江南、市内、江北三片，使吉林市成为名副其实的江城。加上坐落在城区四周沿江两岸的朱雀山、小白山、北山、龙潭山，形成“四面环山三面水”之势。

龙潭山位于吉林市区之东，毗邻松花江东岸，山的东西和南面为连绵起伏的山岗；西面为松花江；山的西南面与东团山隔嘎呀河相望，两山相距 2.5 公里；山的西北面隔松花江与三道岭子相望，两山相距 14 公里。龙潭山清代称尼什哈山，按《盛京通志》所载：龙潭山古名“尼什哈山”。满语“尼什哈”是小鱼的意思，因在龙潭山东北处的小河中有一种小鱼，故名之。龙潭山山势蜿蜒匍匐，形似游龙，龙尾为巨岩，突兀于江边，沿山脊向上，经头道岭、二道岭、三道岭、四道岭，过南天门，至五道岭为龙首，山势昂扬呈待飞之势。山中有一汪深潭，潭水青幽，无论旱涝，池水常年丰盈，数年未有涨落，自古传说水池中用铁链锁住一条孽龙，此潭俗称“龙潭”。因此，这座山得名“龙潭山”。也是吉林八景之一“龙潭映月”的所在地。

龙潭山景色幽静，树木葱笼，覆盖全山。龙潭的东南处有株古桦树，清乾隆皇帝东巡至此，赐封为“神树”。附近有建于清代的龙王庙、关帝庙、龙凤寺等古建筑群，是吉林省文物保护单位。伫立于龙潭山顶，居高临下俯瞰，将吉林市城区胜景尽收眼底。

夯土为城

龙潭山城雄踞于龙潭山顶部，城墙沿山脊构筑，山城东西较宽，南北较窄，呈不规则多边形，周长 2396 米，最早见载于清末成书的《吉林外纪》之中，当时称作尼什哈城：“尼什哈城，（吉林）城东十二里，在尼什哈山上，周围二里，南一门、北二门，城西一井，木生其中，旁有鲫鱼池三，石砌。”城中间有一道山梁，以它为界，城内分为南北两部分。北半部分以龙潭为中心；南半部多为缓坡台地。

从 2012 年开始，为了配合山城本体保护规划的编制，吉林省文物考古研究所会同吉林市文物管理处（吉林市文物保护中心）、吉林市博物馆、吉林市满族博物馆、吉林市文庙博物馆的业务人员，对山城进行了连续 5 年的考古发掘。

历史长河浩浩荡荡，仅凭文献记载并不足以说明龙潭山城的真实身份。高句丽是否真的在龙潭山留下过属于它的痕迹？龙潭山城的建造年代又是何时？随着考古调查及发掘工作的展开，历史的面纱被逐渐揭开。

为了解城墙的形制和结构中，考古工作者首先对城墙逐段进行了调查和记录，确认山城四面城墙有三面城墙是人工城墙，保存相对较好。南侧由于山势较为陡峭，可能直接以崖壁为墙，未构筑人工墙体。东墙修筑的位置，以前认为在正山脊之上，经过发掘确认是在山脊外山坡上面修筑的。而且是一半夯筑，一半堆砌。城墙横断面呈梯形，夯层是一层碎石，一层黄土，夯层非常明显，也非常坚硬。墙外侧陡立，几不可攀，形成易守难攻之势。内侧堆砌杂土，比较松软，土石混杂，而且堆砌的和夯筑的界线非常明显。山脊位置就是城墙内现在能看到的一些平道，被称为马道，在城内一些相对平坦的，或者是比较宽阔的地方沿城墙分布，起到人员运行、物资运输、兵员巡逻调动的作用。北城墙截断北侧的山谷极为陡峻，内侧为“龙潭”，外侧可看到石砌排水涵洞的外口。西城墙借用中部岭头至四道岭，横断南部的山谷，在谷底位置，现为豁口，称为“断岭”，曾长期被误认为是城门。经过发掘，在“断岭”南边近百米的地方发现了西城门，再根据城内的堆积和墙体的结构推测“断岭”一带原有在沟上夯筑起来的城墙，下面设有排水沟。城址废弃之后，排水沟被淤积堵塞，由于这个位置是南城的最低点，水流汇集，墙体被长期浸泡冲刷，导致倒塌断裂，再之后就逐渐扩大，形成了豁口。后来人们上山的时候，修了一条进城的道，此处也被误以为是城门。

龙潭山城城墙现有 6 处较大的豁口，除“断岭”外，有 2 处是后来破坏形成的，另有 3 处经过考古发掘确认是城门，分别为西墙中部的西城门、东墙中部的东城门和北墙中部的北城门。城门均由两侧城墙错开形成夹道式通道，用石块砌筑两侧门垛，并建有木制的城门、城楼设施，可惜均毁于战火，仅残留木炭、红烧土。

西门址平面呈“凸”字形，分为门道和瓮城两部分。门道表面较为

西门址

东门址

北门址

平整，外口部分利用门道下部的石砌基础表面作为地面。距外口 1.5 米处埋设有石质门枢。门道边石和门垛的砌石均为块石，与两侧的夯土墙体为一体构筑。门道北侧为瓮城部分是由两侧夯土城墙和门垛围成的长方形半封闭空间，东侧墙体一侧墙面保留有石砌护墙，已发掘出 15 米，向北仍有延续。门道内侧西部墙体亦发现有不同时期构筑的石砌护墙，最晚一期是用楔形石砌筑。门址内侧有通向城内的道路，穿过门道后向东转入坡道后进入城内。

东门址平面呈“凸”字形，门址历经多次毁坏、重修、封堵。现存门道为高句丽晚期，门道边石和门垛的外向砌石均为楔形石，但内侧为碎石填充。门道南侧为瓮城部分，由两侧夯土城墙和门垛围成。

北门址平面呈“工”字形，门址在毁坏后封堵。现存门道为高句丽晚期，门道边石和门垛的外向砌石均为凝灰岩块石。两侧门垛朝向门道的立面用草拌泥作为黏合剂，以不规则石块砌筑，并涂抹草拌泥作为墙面。门道上部原应有木制的门楼，现仅存塌落于门到地面的木质构建过火后残余的木炭迹象，由此可知门楼顶部的结构为：先铺设直径约 10 厘米的椽子，其上铺设厚度约 5 厘米宽、约 30 厘米的木板，往上涂抹有草拌泥，再上应有苫草。门道南侧为瓮城部分，是由两侧夯土城墙和门垛围成的开放式结构。西侧墙体的东南两侧保存有石砌的包墙，东侧墙体仅清理一小段，无包墙迹象。

现在我们发现的三个城门都是被大火烧毁的，但是这个起火原因到底是战争、失火，还是其他原因，现在我们也很难从这种遗迹现象判断出来。在金代的时候对所有的城门进行一次有意识的封堵。

龙潭山城有 7 座瞭望台，分别是南瞭望台，编号为 1 号瞭望台；西南瞭望台，编号为 2 号瞭望台；西瞭望台，编号为 3 号瞭望台；北瞭望台，编号为 4 号瞭望台；北墙东端的北东瞭望台，编号为 5 号瞭望台；东墙北段的东北瞭望台，编号为 6 号瞭望台；东瞭望台，编号为 7 号瞭望台。

龙潭山城的瞭望台或者修筑在城垣转角处，或者修筑在两道山脊交会处，选址都是某一段山脊的最高点，修筑时在外侧做石砌基础，其上夯筑，并尽量向外侧突出，使得瞭望台瞭望范围进一步扩大，达到最佳瞭望效果，保证关键部位无瞭望死角。

与其他地区同时代高句丽城址比较，城墙的夯筑技术与其他区域石筑城墙区别较大，但城门建造方式区别不大，在墙体转角、门垛等部位的砌石技法较为接近，在城角之上设置瞭望台的做法也基本一致。

龙潭山城城墙、城门的建造方式，或许只是因时期和地域的差异而产生的变化。但结合龙潭山城的地理位置，它与不远之处的三道岭子山城、东团山山城呈犄角之势，三城鼎立，既可控制陆路，又可防御水路。毫无疑问，绝妙的设计，让龙潭山城成为理想的军事要塞和交通节点。

北门址

人群更替

早在数千年前的青铜时代，龙潭山就有人类居住生活。据史书记载，2000 多年前的先秦时期，西团山文化居民就有半地穴式房址和陶鬲、陶鼎和各类石器，在龙潭山上留下了不少的印迹。

汉晋时期，东北地区的夫余人就在龙潭山下至东团山一带创建了隶属于中原王朝的夫余国。辖地“二千余里，有户八万”，其经济、文化、军事实力称雄于当时的东北地区。直到东晋穆帝永和二年，即 346 年，由于高句丽势力北进，夫余王城才“西徙近燕”，离开了吉林市。400 余年的发展，夫余人在国都近处的龙潭山上留下了耳杯、花纹砖等高等级遗物。

据好太王碑碑文记载，“二十年庚戌，东夫余旧是邹牟王属民，中叛不贯，王躬率往讨，车到余城，而余城举国骇服……凡所攻破城六十四，村一千四百”。这里所指的“东夫余”即夫余的别称；所指的“余城”即夫余王国的前期都城，在今吉林市东团山麓的“南城子”一带；所指的“二十年庚戌”即好太王在位的第二十年，北魏永兴二年。也就是说，高句丽好太王于 410 年，以夫余“中叛不贡”为由，亲自率蓄水池“水牢”

军攻占了夫余的前期都城，并将高句丽的势力范围扩展到今松花江中游。从此以后，高句丽的北界已不是与夫余接壤，而是与勿吉接壤，或北临靺鞨了。也许就是在这之后，为了巩固疆域，好太王下令修建了龙潭山城、东团山城、三道岭子山城等城寨，共同构成扼守北疆水路的交通军事防御体系。

经过发掘，当时，在城内南部山坡上平整出呈阶梯状分布的多层台地。高处的台地上有成排分布的长方形房址，房址利用石块砌筑墙体，室内用石块砌筑有折尺形的火炕设施，由灶、烟道、烟囱组成，房门均朝向下坡方向。坡下的台地上发现带有多圈同心柱础的多边形建筑，仅残留基础，上部建筑推测是圆形，面积较大，建筑底面远离地面，应是粮仓类仓储设施。也有称之为“旱牢”的圆形地穴式建筑，从断茬面和建造技法可以看出来其是高句丽时期的，但它具有什么作用，现在不太清楚。旱牢因为在半山坡上，也没有水源，而且它是直接砌筑在一个岩石上面的，没有泉眼，排除是供水设施。我们怀疑，它是不是也跟仓储有关系。

还有大型蓄水池“龙潭”，经过多次清淤，基本确认“龙潭”是一处平面呈“凸”字形的蓄水设施，主体为圆角长方形，凸出的部分从池底延伸到地面的台阶，便于取水。相对的另一面有一处排水涵洞，用于排泄蓄水池中突涨的积水，可惜出水口已在后期的修复中被堵死，仅残留穿过城墙的洞体和露于城外的出口。除了房址、粮仓、蓄水池等与长期驻守有关的建筑，城内还出土了大量遗物，如陶器、石器、铁器、瓷器等，它们属于不同时代。陶器有很多，但是残损得都比较厉害，陶器如陶罐、陶瓮、甑、盘，主要是日用陶器，建筑构件有一些瓦和瓦当。

大部分高句丽时期的生活用品，在形制上跟其他地区的高句丽陶器是一致的。器表偶尔有一些刻画的水波纹、弦纹。高句丽时期的陶器跟夫余时期的比较差别很大，夫余时期主要是夹砂陶，特别是加粗砂的那类陶器，大环状耳。高句丽的器耳是桥状耳，泥质陶或者夹细砂的陶器非常多。它的工艺跟夫余相比也不太一样，以轮制陶为主，夫余的陶器有很多是手制的，内外凹凸不平，好一点儿的会把外边打磨一下。

据《新唐书》记载，公元 666 年，高句丽军事统帅渊盖苏文去世，他的长子泉男生成为摄政，却被渊盖苏文的另外两个儿子合谋诬陷背叛高句丽，威逼之下，泉男生降于唐，造成高句丽内乱。不久，唐高宗以李勣为辽东道行军大总管，统率诸军，分道合击高句丽。公元 668 年 2 月，薛仁贵身先士卒，共杀死、俘虏高句丽军一万余人，攻破夫余城。唐军一时声威大振，夫余川四十余城，纷纷望风降服。9 月，僧人信诚开门接纳唐军，李勣趁势进攻，一举攻陷平壤。至此，高句丽灭亡。或许从那时起，龙潭山城就已经失去了它原有的功能，发掘过程中，考古队员除了发现有类似红烧土之类的痕迹，也发现了具有其他功能的后期遗存。

金代早期，对龙潭山城残留的城门进行了封堵，城中仍有居民。中期之后，在龙潭山中部，2014 年到 2016 年进行发掘的一号平台发现了一个比较大的建筑群。建筑群中有山门、钟楼、鼓楼、大殿，大殿后面还有寮房，是一组比较完整的金代建筑群。这个平台是就着山坡修整出来的，而且也发现了几期的修整痕迹，这个台地边缘的护坡是用石砌的。金代在这台地前后有三期建筑，上层是一座小型村落，零散分布多座小型房址。中间层是寺庙建筑，下层还有一层居住址，所以我们说，这个台地是经过多期修整的，而且是逐步扩大的。也正因为这样，金代的建筑址可能就破坏了早期的建筑址。金代的遗物除了大量精美的龙泉窑的青瓷，还有定窑的白釉瓷器，瓷器的风格是金代的，还见有铭刻“济州佥事完颜進”字样的供奉用铜镜。

明代，海西女真乌拉部占据龙潭山城，修建多处“地窨子”，用于临时驻守。明末，努尔哈赤灭亡海西女真乌拉部。

清朝入主中原后，吉林作为“龙兴之地”被新旧柳条边封禁起来，久无战事，龙潭山城也遭到废弃。

龙潭山城是高句丽物质文化的典型代表。至今它仍雄踞在高山之上，供后人游览、欣赏、研究，对中国东北边疆考古研究有着重要意义。要对龙潭山城进行研究，首先要把它放在当时存在的时空里，即高句丽中晚期这个时间节点，空间就是吉林市，就是所谓的夫余故地。高句丽势力进入夫余核心区建城，第一件事肯定是要控制这个区域，监视夫余遗留下来还在这地方生活的人，因此这附近不仅有龙潭山城，还有东团山城、三道岭子山城。第二件事，它会派驻一些自己的力量，比如高句丽人，在这地方驻守。第三件事，龙潭山城所在的区域是从吉林省东部的山区往中部的丘陵平原地带过渡的区域，高句丽往西部边疆的整个物资运输系统必须依靠此地，不管是从松花江的水道也好，还是从陆上的通道也好，这个地方也是一个非常重要的交通节点，它把城建在这里，也是保证交通的运行，包括各种交流，不管是对于文化交流还是战争而言，这都是一个非常重要的城市。

排水涵洞

“人事有代谢，往来成古今。江山留胜迹，我辈复登临。”龙潭山城满载着历史的风霜雨露，在时空流转中，彰显着古高句丽民族的精神印迹，给人们留下无尽的追怀与思绪。